跟晓老师学金融：
中小企业担保之道

晓彐生————著

四川大学出版社

图书在版编目（CIP）数据

跟晓老师学金融：中小企业担保之道 / 晓ヨ生著
. 一 成都：四川大学出版社，2023.5
ISBN 978-7-5690-6117-8

Ⅰ. ①跟… Ⅱ. ①晓… Ⅲ. ①中小企业－贷款担保－研究－中国 Ⅳ. ①F832.4

中国国家版本馆CIP数据核字（2023）第082195号

书　　名：	跟晓老师学金融：中小企业担保之道
	Gen Xiao Laoshi Xue Jinrong: Zhong-xiao Qiye Danbao zhi Dao
著　　者：	晓ヨ生

选题策划：刘　畅
责任编辑：刘　畅
责任校对：于　俊
装帧设计：墨创文化
责任印制：王　炜

出版发行：	四川大学出版社有限责任公司
	地址：成都市一环路南一段24号（610065）
	电话：（028）85408311（发行部）、85400276（总编室）
	电子邮箱：scupress@vip.163.com
	网址：https://press.scu.edu.cn
印前制作：	成都墨之创文化传播有限公司
印刷装订：	四川五洲彩印有限责任公司

成品尺寸：170 mm×240 mm
印　　张：17.5
字　　数：261千字

版　　次：2023年5月 第1版
印　　次：2023年5月 第1次印刷
定　　价：66.00元

本社图书如有印装质量问题，请联系发行部调换

版权所有 ◆ 侵权必究

扫码获取数字资源

四川大学出版社
微信公众号

前　言

这是一本关于中小企业融资担保的书。

"银行+担保"业务模式下，你知道担保公司的可容忍风险吗？中小企业融资担保公司的商业模式是什么？如果从"商业模式=业务模式+盈利模式"的角度分析，担保公司的产品是什么？谁又是担保公司的客户？对担保有需求的是企业，还是银行？

可容忍代偿率和可容忍代偿可能性有什么区别？激励制度如何影响担保决策？政府补贴、损失补偿、分担机制又会对担保公司的业务和风险产生什么影响？对单个项目而言，是否存在统一的决策逻辑？为什么说隐性负债是担保的毒瘤？净利润和赌性有什么关系？用"温水煮青蛙"描述担保业务，你知道这句话是什么意思吗？

在开展尽职调查工作前，你是否知晓尽职调查的目的？是否明确了尽职调查的方向、确定了尽职调查的对象和范围？你知道尽职调查的基本功是什么吗？如何画出从自然资源到最终消费品的产业链？如何分析产业和行业？什么是 2B 和 2C 不一样的性价比？尽职调查前如何准备？沟通的内容是什么？实际控制人的四种赌性又是什么？如何看待常见的抵押物——房产？什么是"心中有报表，才去看报表"？

"政—银—担"和"政—担—银"业务模式有什么不同？什么是流通性保证业务？流通性保证业务有什么价值？流通性保证业务怎么实现呢？

就以上问题，本书试着给出答案。

目录

1 寻担保之本

01　惊醒　／ 2
02　新同事见面会　／ 6
03　真的感冒了　／ 10
04　回公司　／ 14
05　分享会　／ 18

2 悟决策之道

06　另一条线　／ 22
07　受到质疑　／ 27
08　增长的业绩　／ 30
09　三种结果　／ 34
10　推高可容忍风险？　／ 38
11　又是考核制度的问题　／ 42
12　另外一个原因　／ 46
13　可以百度的问题　／ 51
14　发飙的项目　／ 52

15	统一的决策逻辑?	/ 56
16	预计不会代偿	/ 60
17	资不抵债	/ 65
18	净资产问题	/ 68
19	期间赚钱问题	/ 74
20	被煮的青蛙	/ 78
21	疯狂年代、疯狂想法	/ 82
22	锦上添花	/ 86

3 悟尽调之道

23	与之前的那个梦相关	/ 88
24	相亲	/ 90
25	钓鱼	/ 94
26	借钱的朋友	/ 95
27	我的第一个项目	/ 101
28	老家的房子	/ 107
29	简单的产业链图	/ 111
30	产业链上的地位	/ 115
31	趋于一致的毛利率	/ 117
32	不一样的性价比	/ 120
33	产业发展趋势	/ 124
34	不给游戏公司做担保	/ 128
35	八山超市	/ 131
36	给妈妈找工作	/ 135
37	刘源问老板	/ 138
38	李亮问老板	/ 142

39	老板的资产负债表	/ 146
40	老板的逻辑	/ 149
41	赌性	/ 153
42	也说房产	/ 159
43	心中有报表，才去看报表	/ 163
44	报表三问	/ 180
45	所有者权益	/ 184
46	和书上一样的东西	/ 188
47	最简单的科目？	/ 190
48	再说一个科目	/ 196
49	账上的不一定是企业的	/ 202
50	说一下收入	/ 207

4　悟创新之道

51	缩小的业务范围	/ 212
52	我们的工作	/ 217
53	潘林的想法	/ 219
54	再降低融资成本	/ 225
55	第四种方法？	/ 232
56	第四种方法！	/ 234
57	业务起源	/ 235
58	信用	/ 239
59	可流通的信用载体	/ 243
60	定义和概述	/ 246
61	不对称信息下的分析	/ 251
62	净增效益原则下的分析	/ 257

63	业务实现的难题	/ 262
64	难题的解决路径	/ 266
65	业务范围	/ 269
66	李亮离开	/ 270
后记	**致敬前辈**	/ 272

1 寻担保之本

01 惊醒

可容忍风险

这两年针对中小企业的银行信用类信贷产品越来越多，根据企业的纳税、发票开具、结算流水等情况，甚至是与政府部门、国有企业签订的供货合同，都可以匹配一定额度的信用贷款。银行信用类产品越丰富，需要担保公司担保的中小企业信贷业务的风险就越高。

面对这样的情况，非政府性的中小企业融资担保公司应该如何应对呢？

A. 提高可容忍风险，以维持担保业务规模。

B. 维持可容忍风险，接受业务规模的下降。

C. 其他。

带着这个问题，我敲响了领导办公室的门。

我三言两语说明来意后，领导瞥了我一眼，没说话，从口袋里掏出3样东西，在办公桌上"一"字排开。

看着这3个物件，我开始揣摩领导的用意：一枚一元硬币，是让我做好本职工作，获得应得的工资？骰子，意思是让我工作之余也要注重娱乐？好好工作，好好娱乐，有棱角的生活就会像第三个物件——小球一样圆润起来？

"玩个游戏。"领导的声音传来。

"啊？"我抬起头。

"选一面，赢了我给你10元，输了你给我20元。"领导指着硬币说。

"嘿嘿,不玩。"我不失礼貌地边微笑边摇头。

在我的认知里,抛硬币,正、反面朝上的概率一样,输赢概率也就应该一样。

"玩这个?"领导看看我,用手指指向骰子,"你可以选 4 个数,赢了我给你 10 元,输了你给我 30 元。"

我低头掐指计算。

6 面的骰子,选 4 个数,输赢比等于 2 比 4,也就是 1 比 2,赢 10 元,最多对应输 20 元,所以……

"也不玩。"我答道。

"为啥?"

"因为风险收益不匹配。"

"风险收益不匹配,风险收益不匹配……"领导喃喃自语,"这个呢?50 面体,你选白色朝上,赢我给你 1 元,输你给我 49 元,我们玩一会儿,风险收益要匹配,你说,我涂几面黑色?"

"一面。"我脱口而出。

领导拿起早就准备好的马克笔,把一面涂成了黑色。

多面体抛向空中,落在桌上,黑色面朝上,"49 元。"

又抛向空中,落在桌上,黑色面朝上,"98 元。"

再一次,抛向空中,落在桌上,黑色面朝上,"147 元。"

……

"停,停,停!不能玩了!不能再玩了!"我想喊,可怎么也喊不出声。

我急得满头大汗,猛然清醒过来,原来是一场梦。

凌晨 1 点多,小区里异常安静,远处公路上传来汽车的胎噪声。我站在窗边,吹着凉风,向外望去,还有几户人家还亮着灯,楼顶上航空障碍灯一闪一闪的。

回想刚才的梦，我寻思着，无论是抛硬币选正、反面，还是扔骰子选4个数，还是50面体涂上几面黑色，当游戏的规则确定下来，参与方的风险就确定了。在确定的风险下，我可以选择玩或者不玩，而做出选择的逻辑有且只有一个，即风险收益是否匹配。拿50面体来说，"赢1元输49元"是规则，那我只能容忍一面是黑色，在保证每一面朝上的概率相同的前提下，黑色面朝上的概率是2%，这是确定的。只要抛的次数足够多，从统计学的角度，黑色面朝上次数的占比就会越来越接近2%，这满足风险收益匹配的预设。

给中小企业融资做担保又何尝不是呢？

我们这个城市及周边区域，普遍来说，担保公司收取2%左右的担保费，承担100%（不考虑银行分担等）的担保责任，这是规则；担保公司要持续经营下去，收益必须覆盖风险和成本（不考虑代偿回收），这是生存逻辑。在这种规则和生存逻辑下，代偿率不能超过2%。如果担保的每个项目金额差异不大，又有足够多的项目，要保证代偿率低于2%，那么，在具体项目决策时，可容忍该项目代偿的可能性就不能超过2%，这是担保公司生存的底线。决定底线的是规则和逻辑，当然，如果规则不变，逻辑不变，底线就不应该发生改变。

表1　50面体和中小企业融资担保

项目	50面体	中小企业融资担保
规则	+1，-49，选白色	+2%，-100%，选择担不担保
逻辑	风险收益匹配	收益覆盖风险和成本
底线	可容忍有一面黑色	可容忍代偿风险不超过2%

虽然银行针对中小企业开放的信用类产品越来越多，推荐给担保公司的项目风险越来越高，但担保公司在既定的"银行+担保"业务模式下要持续经营，就算是业务规模下降，也必须维持可容忍风险。如果在"风险—时间"坐标轴里画出担保公司可容忍风险，那应该是一条平行于时间轴的直线。我来到书桌旁，打开台灯，在纸上画起图来。

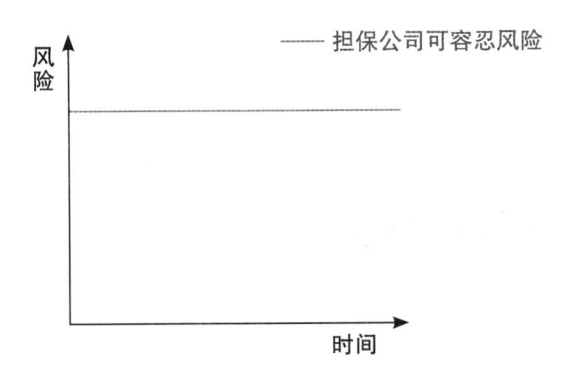

图 1　担保公司的可容忍风险

并在图中标注:*"规则不变,逻辑不变,底线不变。"*

02 新同事见面会
担保公司的产品

早上醒来,已是 7 点 20 分。

"阿嚏……阿嚏……阿嚏……"连续 3 个喷嚏让我体会到了深秋的凉意,回想昨晚的梦,骰子接二连三的黑色面朝上和领导幸灾乐祸的面孔,不由得打了一个寒战。8 点左右的 A 市是无效率的,大家把车有序地串联在各条主路上,刺耳的喇叭声,催促着龟速前行的车流。

8 点 50 分,到达公司,晚 15 分钟出发,晚 40 分钟到。

今天有个新同事见面会,上午 9 点 30 分开始。

我提前 5 分钟到会议室,椭圆形的会议桌边,已坐着今年补充招聘的 8 位新同事。我找了个不挨着会议桌且靠边的位置坐下,擦着鼻涕。陆陆续续,其他几个业务部的负责人也到了会议室。今天的见面会结束后,8 位新同事将被安排到公司 8 个业务部门。各个部门的负责人之前都看了新同事的简历,心中大概有自己想要的人选,而今天见面会上的交流,一方面印证自己的判断,另一方面,也向人力资源部传递信息:暗示或者明示自己想要的人,便于人力资源部后续对人员的安排。

业务部门的竞争,从人力资源开始。

"……EF 担保公司成立于 199× 年,是 A 市人民政府为推动中小企业服务体系建设、扶持中小企业发展、切实解决中小企业融资难而批准成立的国有专业担保机构……"人力资源部的同事熟练地介绍着公司的基本情况。我靠在椅子上，闭上眼睛，努力地回想这个我工作了8年的担保公司：专注于中小企业融资担保，持续经营21年，当前在保余额120亿元，在保企业2 000余家，多年年净利润和经营净现金流均超过2亿元，持续给股东现金分红……如此的优秀！

人力资源部同事介绍完公司的基本情况后，每位新同事做了自我介绍。接下来就是新同事提问时间。

"担保公司为中小企业提供担保，中小企业在银行获得融资。请问：担保公司的作用是增信，还是信用发现呢？"寻声望去，一位穿着深蓝色西装外套的短发男，拿着话筒，笔直地站立着。

能问这样的问题，顿时让我来了兴趣。我立直身子，胳膊碰了下旁边一部的负责人："老余，快，快把他的简历给我看一下！"

"哈哈哈哈，晓老师，不要和我抢，这个人我要定了。"老余小声回复我的同时，快速地站了起来，大声地说，"这个问题我来回答吧！"

接过话筒，老余娓娓道来："视角不同，时点不同，结论不同。我们常说的找个担保公司增信，是银行的角度，银行信贷决策时，'企业信用不足，担保公司增信'。担保公司在项目决策时，愿意提供担保，是基于预计不会代偿的判断。项目到期时，企业按时归还贷款，担保公司则是信用发现；若贷款逾期，担保公司代偿，很显然，担保公司则是对企业进行增信，这是从客观的角度。"

我以为这就要结束，老余又补充道："我看了你的简历，我们是校友！我们肯定有很多共同语言，人力资源部安排你到我们部门，应该是最合适的了。"

老余说完，便盯着人力资源部的同事。

我们都笑了，很明显，这是在向所有的部门说：我要这个人！

"好的！好的！尽量安排到你的部门。"人力资源部的同事附和道。

"嘿嘿，后面还有更优秀的。"老余坐下时笑着对我说。

话筒传给了下一位新同事，一位戴黑框眼镜的男生。

"请教一下老师，我们公司给企业提供担保，使得企业在银行获得融资，那么，我们公司的产品或者服务是什么？"

"我来回答！"我站起来，接过话筒，"产品？或者服务？"

"嗯，对的！"

"各位，针对特定的债务时，企业是否有信用，是客观的，按时还本付息则有，逾期则没有。但在项目决策时，银行和担保公司对企业信用的判断，均是主观的，判断的不一致性，是担保业务存在的前提，对吧？当然，若存在外生变量影响，如有政府贴息和风险补偿的'银—政—担'产品，银行和担保公司对部分企业信用的主观判断可能是一致的，这里不详细展开。

"银行对企业信用的判断是不确定的（或者否定的），担保公司是确定的（或者肯定的）。大家想想，担保公司要持续经营下去，谁的判断应该更接近客观呢？肯定是担保公司。也就是说，在企业信用的识别能力上，担保公司必须强于银行，要更接近实际。担保公司强于银行的能力，就是担保公司的生存工具，也是银行的需求。担保公司有的，而银行没有的，是什么啊？更强的识别信用的能力，即项目决策时担保公司的主观判断能和项目到期时企业信用客观结果相一致的能力。通俗一点讲，就是不代偿能力，不代偿能力是专业性很强的能力，一定要靠专业的知识和丰富的经验来支撑，并以良好的职业道德为基础。不代偿能力是担保公司持续经营的前提。

"当然，世界瞬息万变，沧海桑田，认知的局限难免会让担保公司面临代偿的情况。面对代偿，赔得起的能力就尤为重要，赔得起的能力就是代偿能力。从时点看，代偿能力取决于该时点担保公司持有可用于代偿的不受限货币资金的多少；从长期看，代偿能力取决于担保公司的实收资本、利润及分配、资产结构，等等。而利润及分配、资产结构优劣，与代偿的多少直接负相关，代偿的多少取决于不代偿能力，所以，与代偿能力相比较，不代偿能力是担保公司的核心竞争力。

"不代偿能力＋代偿能力＝担保能力，担保能力就是担保公司的产品。"

不代偿能力＋代偿能力＝担保能力

绕了一圈，终于绕到回答的问题上。

稍作停顿，我接着说："大家下来可以思考这样一个问题：担保公司和银行合作的项目，银行是希望担保公司代偿，还是不希望担保公司代偿呢？"

"啊？"

"无论是考虑银行与企业的关系，还是从银行信贷人员的考核角度，肯定是不希望自己的项目出现担保代偿。想明白这个，就知道为什么说我们的产品或者说我们的服务中不代偿能力是我们的核心竞争力。"见大家不说话，我又补充道。

"谢谢！"

"不客气！"我放下话筒。人力资源部肯定觉得我想要这个人。

"阿嚏……阿嚏……阿嚏……"又是三个喷嚏，看来我是真的感冒了。

03 真的感冒了
担保公司的客户

见面会结束，已是中午 11 点。

喷嚏接连不断，有点头晕，我实在坚持不住了，便请假去医院。为了安全起见，就麻烦部门同事刘源开车送我。

到了医院，看病的人还真多，挂号后就开始等待。

"晓老师，这家医院的血检是外包给独立的第三方检测机构的，这家检测机构是我们的在保客户。"刘源突然凑过来，继续说，"你猜猜，是哪家？"

"DD 检测？"

"这么厉害，一猜就中。"

"不是我厉害，是你手上管的企业，就这一家做检测的，你能注意到的，肯定是你自己管的企业呗。"我对他的夸赞不以为然，接着又问他，"对了，考一下你，DD 检测有多少客户？"

"咳咳，咳咳……"刘源清了清嗓子，感觉满怀信心，"DD 检测是专业的血检机构，一年的营业收入 800 万元左右，单个检测收费在 20 元左右，也就是说，全年检测病人数量在 40 万人次。"

"有多少客户？"

"40 万左右。"

"检测人次数不一定是客户数哦！"

"你的意思是一年有可能来检测几次的人，就只能算作是一个客户吗？"

"我们公司有多少客户？"我望着刘源问道。

"2 000多个在保客户！"

"什么是客户？"我稍微严肃了一点。

"需求方是客户。"刘源看着我严肃的表情，刚才的自信消失了。

"谁需要血检？谁需要担保？"我问道。

"病人需要血检，企业需要担保。"刘源回答道。

"来来来，我们从简单的开始来。"我觉得问题有点严重，接着说，"我买一瓶水，这个交易中，谁是客户？"

"你。"

"我吃一碗面呢？"

"还是你。"

"公司请老师给我们做培训？"

"我们。"

"我请大家去餐厅吃饭？"

"你。"

"我知道了，问题出在多个参与方。交易仅涉及两方时，很容易分辨谁是客户，一旦涉及多方交易，你对谁是谁的客户就迷糊了。公司请老师给我们做培训，我们肯定不是客户，我请……"

"公司是客户，我说急了。"

"好吧，那我请大家去餐厅吃饭呢？我是客户，被请的人不是？"

"嗯……嗯！不是。"

"如果我没有付钱就提前跑了，被请的你们要付钱吗？"

"霸王餐啊！如果你没付钱就走了，我们……我们肯定得付钱啊，从餐厅的角度，好像不需要知道谁请谁，我们好像又都是客户……"刘源陷入了思考中。

"从分析商业模式的角度，判断谁是客户，我们有个公式。

客户＝需求方＋决策方＋议价方

"客户不一定是使用者，但一定是需求方、决策方和议价方。需求方能识别产品品质，并对产品有直接或间接需求；决策方面对多个同质产品提供商有选择的权利；议价方拥有谈判并决定价格的权利。我请大家吃饭，虽然是我请客，但对'饭'这个产品的需求是大家；去哪里吃，如果是大家提前协商好的，那么每个人都是决策方，如果是我定的，一定征得大家的同意或默认，每个来的人也都是决策方；和餐厅议价，我们都可以。所以，大家都是客户，从餐厅的视角，我和我请的每个人并没有两样。

"生病了，去医院看病，医生说需要做个血检才能判断出是什么病，血检的需求，实为医生诊断需求。很多医院的检测业务是外包的，外包给像 DD 检测这样独立的第三方，试问，问题一：外包给哪家检测机构是谁说了算？病人还是医院？肯定是医院，不用多说。问题二：病人是否需要做血检是谁说了算？医生，因为对血检结果提出需求的是医生，能看懂检测结果的也是医生，医院和医生实为交易决策方，病人的需求只有一个，就是'付了钱，看好病'，如果病人觉得'我就流个鼻涕，你让我做血检，没有必要吧？'那怎么办？换个医院，对吧？想一想，有没有病人没看医生前，直接去做血检的？基本没有！所以，DD 检测公司的客户是医院。

"那么，'银行＋担保'又是怎么回事呢？企业需要信贷融资，首先去找银行还是找担保公司？直接找担保公司的，就像不看医生就直接做血检的病人，有，但极少，可能是那种'久病成医'的。99% 的企业会找银行，银行经理和企业老板聊半天，资料准备半天，调查半天，报告写半天……最后的审批结果是企业信用不够，需要担保公司担保。可以找哪些担保公司？谁说了算？银行！因为只有银行才能识别担保公司的担保能力，也只有银行才需要担保能力。找担保公司的哪个项目经理？谁说了算？银行经理或者他的领导。担保的需求是银行的需求，企业的需求只有一个，在可接受的成本下，获得融资。如果企业觉得自己实力雄厚，拟贷款银行还让担保公司为企业担保，没必要吧！那怎么办？换银行，对吧？"

"'银行+担保'业务模式下，担保公司的客户是银行？"刘源满脸疑惑。

"晓彐生，请到5号就诊室就诊"。

"到！"我回应时转头对刘源一笑，"等我一下。"

……

担保公司在保的中小企业，每次对担保公司说着感谢的话，可转过头，对着银行说得最多的却是"今年授信能不能不要担保"。

对中小企业而言，只要按时付息还本，担保就是多余的，担保费是白给的，没有担保不代表企业没信用，"银行+担保"业务模式能存在，只因为银行决策时，对企业信用的主观预期不满足银行的审核要求而已。

04 回公司
担保对象

诊断结果很快出来了，我的身体没什么大问题，就是着凉了。

回公司的路上，我坐在副驾座椅上，半闭着眼。

刘源开着车，不时地瞥向我这边，欲言又止的样子。

"想说什么就说呗！"我没睁眼，头疼。

"晓老师，按照你的说法，我们的产品是担保能力，能识别我们担保能力的，是银行，需要我们担保的，也是银行，所以，银行是我们的客户，这个我理解了。那银行支付的对价是什么呢？"没等我回答，刘源又接着说，"担保费？那是企业付的呀？不对，其实企业也可将利息和担保费一并付给银行，或者说企业将认可的成本一并支付给银行，银行再将其中的担保费支付给担保公司。谁付钱，不代表谁是担保业务中的客户，对吧？"

"很好的观点！"我竖起大拇指，"点个赞。"

"如同我买一瓶水，忘记带钱，我让你帮我付一样，就算你付的钱，买水的需求方还是我。"刘源喃喃自语，"如果这样，那么企业在这个交易中，算什么呢？企业是我们担保的对象，就如同病人是第三方检测机构的检测对象。"

"从严格意义上说，这里有点问题。"

"什么问题？"

"从法律关系来说，企业是我们的担保对象，但是从担保业务的角度来说，我们的担保对象绝大部分不是企业。"

"啊？"刘源有点吃惊，转过头来看着我，又急忙转回去。

"你没有忽悠我吧？"刘源再次说话，已是半分钟以后。

"这是一个和企业独立性相关的问题。"我又开始授课式的长篇大论，"有限责任的内涵是法人无限责任，股东有限责任，而股东的有限责任必须以法人的独立性为前提。独立性要求有完善的法人治理结构，且人、财、物、业务等都独立。大部分中小民营企业大小事都是老板说了算，钱由老板娘管（老板娘不管就由亲戚管），实际控制人觉得自己拥有公司的一切，决定公司的一切，支配公司的一切，过度扩大了股权的权利。法人的不独立性，导致给中小企业做担保，实质是给企业实际控制人做担保。相应地，担保调查范围就扩展为实际控制人夫妇及控制的所有经营主体，同时，当企业为贷款主体时，实际控制人夫妻双方信用反担保就变成必需的要求"。

"过度扩大了股权的权利，是什么意思？"

"如果说企业能独立思考，那么股东大会、董事会、监事会、总经理等就是法人的大脑模块，这些权力机构或个人有的决策、有的制约、有的监督，分工明确，各司其职，能有效运行，就能保证公司的行为是公司独立的真实意思的表达。可现实是，绝大部分中小民营企业，不谈公司治理，也不能谈公司治理（因为治理是有成本的）。所以，控股权就等同于战略制定权、经营决策权、资产占用权、资金调用权……按理，股权的权利范围应该只及于股权的处分、收益、表决和知情权，股权是有边界的。"

"很多上市公司都没有独立性。"

"完全正确！从独立性角度，企业可以大致分成A、B、C三类。A类是基本没有独立性的企业，如绝大部分中小企业；B类是有一定独立性的企业，如部分拟IPO企业，国有参股、引入财务投资者的企业，股权高度分散的企业；C类是有较强独立性的企业，如部分国有控股、上市公司。当然这只是个普遍的分类，并不绝对。不过，我们担保业务涉及的绝大部分对象都是没有独立性的中小企业。"

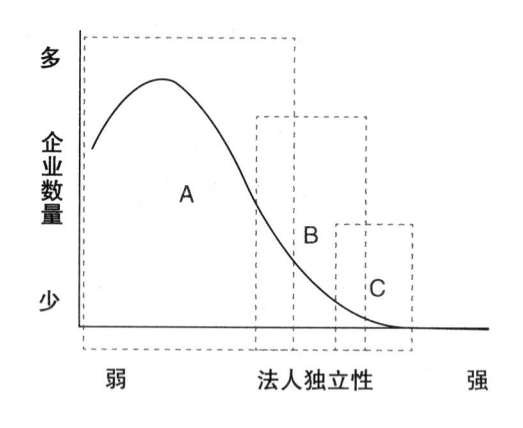

图 2　企业独立性分布

"所以，给中小企业做担保，绝大部分情况下都是给实际控制人做担保。"

"唉！等我慢慢理解！"刘源叹了一口气后，敲了敲自己的脑袋。

"你慢慢就会理解了。头疼，今天不谈工作了，阿嚏……"又打了一个喷嚏，我摇下车窗。暖洋洋的阳光洒在路上，公路两边的白果树还有零星黄叶。今天天气不错，但路上的车不多，路边的行人也不多。穿过一条下穿隧道，路边排着的长队吸引了我，随着长队在车的右后方延伸，才发现原来是一家卖兔头的网红店。

"最近有个朋友的餐饮店扩店，找我借钱，不知道借还是不借？"

"什么朋友？"刘源问。

"这家餐饮店，在南门一栋50层写字楼下卖早餐，现在门面有点小，想把隔壁的店也租下来，价格谈妥了，一年租金20万元，装修还要投5万元……"

"打断，打断！我问的是你的'什么朋友'？"

"高中同学。"

"一直联系？"

"最近一年才联系上。"

"人怎么样？"

"生意还不错，所以才扩店。"

"我问的是'人怎么样'？"

"什么人怎么样？"

"你还是应该了解一下，这么多年没联系，人变化大。我问的是'人怎么样'，就是想知道这个人靠谱不？以前做过些啥？有没有不良嗜好？是不是向你们所有同学都借钱了……"

"我去他那个早餐店看了，生意确实很好，现在的一间铺子有点小了。"

"生意不错是一方面，人靠谱才行！结婚了吗？在Ａ市买房子没？"

"借个钱要关心这些？"

"那不然呢？"

"是他的餐饮公司借钱，独立的法人，又不是把钱借给他个人。"

刘源沉默了。

"哈哈，晓老师，你说不谈工作，怎么听起来还是在说刚才的事情呢？"

"是吗？哈哈……"

05 分享会
"银行+担保"业务模式

回来路上吃了一碗面，到公司已是下午 2 点 35 分。

我后仰着靠在椅子上，闭着眼睛，放空大脑……

"晓老师，晓老师……"一个声音让我清醒，原来，不知不觉中，我睡着了。

"晓老师，快 3 点了，这周的部门分享会还开不开？"潘林看着我。

这周的部门分享会是由潘林负责。从他渴望的眼神中，我知道，他很乐于也希望今天和大家分享，况且，每周三的分享会从来没间断过。

"开！"我站起来，对部门同事说，"会议室，老规矩，分享会！"

两分钟后，会议室。

投影仪投放出一行硕大的黑体字——"某某公司某业务商业模式探讨"。

"今天潘林老师是要教我们学习商业模式吗？"刘源调侃道。

"讨论，讨论，"潘林谦和地说，"那就开始了？"

"开始！"大家异口同声。

"把什么产品在什么市场以什么样的价格卖给什么样的人，怎么盈利的，这就是商业模式。'把什么产品在什么市场以什么样的价格卖给什么样的人'是业务模式，'怎么盈利的'是盈利模式。简单一点说，商业模式就等于业务模式加盈利模式。"

商业模式＝业务模式＋盈利模式

"哟！有两把刷子。"我心里暗暗想。

"从这个角度，我们可以发现，商业模式针对的是业务，也就是说，商业模式描述的对象是业务，不一定是企业。如果一家企业有多种业务，那么不同的业务可能存在不同的商业模式。我们对商业模式的分析，就是对业务模式和盈利模式的分析。对业务模式的分析，不外乎就是要搞明白产品、市场、价格、客户；对盈利模式的分析，就是要弄懂利润表的构成。我今天分享的是某某公司某业务的商业模式。"

……

在大家激烈的讨论声中，两个小时很快就过去了。

"今天的分享会就结束了？"潘林抬头望着我。

"时间还有点早，"我瞥了一眼手机，"还没到下班时间，要不，我们再讨论一下我们自己的商业模式？"

大家看着我。

"借潘林的分享，我也考考大家，你们有没有分析过中小企业融资担保公司的'银行+担保'业务模式？有没有自我反思过，如果从产品、市场、价格、客户和盈利模式的角度分析，我们的商业模式是什么呢？"

"产品是担保能力，等于代偿能力加不代偿能力，不代偿能力是我们的核心竞争力。我们的产品，把我们与'银—政'模式下的政府风险资金池区分开来，政府风险资金池只有部分代偿能力，没有不代偿能力；我们的产品，在一定程度上，也把我们与政府性融资担保公司区分开来。"李亮说。

"说得没错！"我回答。

"客户是银行，今天中午你才给我分析过。"刘源得意地看我一眼，又接着说，"客户是银行，那我们产品的销售对象就是银行。反过来说，对同一家担保公司而言，每一个业务经理手里的产品都是一样的，谁和银行关系好，谁做的业务肯定就多。"

"好像是这样的。"我点头。

"市场是中小企业信贷市场，中小企业信贷市场的显著特征是法人的不独立性，还有业务的专业性和信贷政策的波动性。法人的不独立性，必然导致为中小企业担保，实际上就是为实际控制人担保，这直接决定了我们的调查范围、调查对象。"潘林说。

"所以，与这些企业谈担保要找老板聊，不要只和财务人员聊。"我补充道。

"哦！"大家回应。

"价格是2%左右，担保费变动的趋势不是我们能决定的。还有盈利模式就是担保收益要覆盖风险和成本，这就要求可容忍风险不超过2%。"张航害怕别人说了他想说的部分，语速快得吓人。

讨论结束！

刚好5点，下班！

2
悟决策之道

06 | 另一条线
银行可容忍风险

今天下班早，回到家吃完晚饭还不到 7 点。

凌晨画的担保公司可容忍风险草图还铺在书桌上。

"规则不变，逻辑不变，底线不变。"看着图上的标注，我不自觉地念出声来。如果担保公司可容忍风险的变化规律是这样，那么银行的可容忍风险随时间又如何变化呢？我尝试着在这个坐标轴上画出银行可容忍风险随着时间变化的线。

确定这条线的因素有三个：位置、形状和方向。

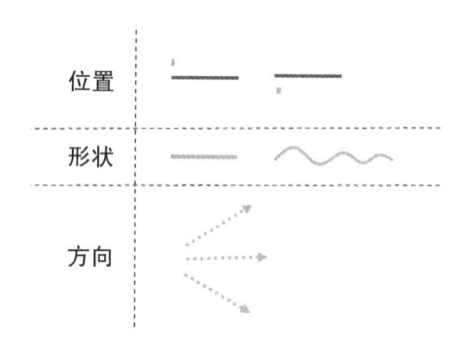

图 3 线的确定因素

第一因素是位置。

银行可容忍风险是在担保公司可容忍风险之上？之下？还是有交叉？

如果在之上，银行就不会需要担保公司提供担保了。其中的逻辑很简单：担保公司愿意担保的项目，银行可以直接做；银行需要担保公司担保的项目，担保公司不能承担其风险，因此不会做。那么银行和担保公司不会产生业务上的交集。同样道理，如果这条线有交叉，在交叉之上对应的部分项目，银行也不需要担保。

所以，"银行+担保"业务模式（无第三方补贴）下，银行可容忍风险要低于担保公司可容忍风险。

第二个因素是形状。

银行可容忍风险是一条直线，还是一条曲线？

如果是一条直线，说明随时间的变化，银行可容忍风险一直朝着一个方向变动，要么一直增加，要么一直降低，要么一直不变，体现出较强的刚性；如果是一条曲线，说明随时间的变化，银行可容忍风险在某个时间段增加，某个时间段降低，表现出一定的弹性。

直观感觉，银行可容忍风险是一条波动的曲线。

我们从银行内部和外部两个角度进行理性分析。

从银行内部分析：银行可容忍风险和银行考核指标相关，考核指标权重集中于利润，而利润主要取决于收益和损失。一般来说，当银行离收益的考核指标越远时，其可容忍风险越大；当银行离收益的考核指标越近时，其可容忍风险越低。另外，担保产生的不良项目越多，银行可容忍风险也会降低。从这个角度讲，银行可容忍风险是随着考核指标完成情况而变动的。

从银行外部分析：银行可容忍风险和银行信贷政策相关，而信贷政策又和国家宏观调控相关。从某种角度来说，银行的金融监管属性和宏观调控的工具属性比较明显，银行的信贷政策随国家宏观调控政策的变动而变动。国家宏观调控调什么？某一方面，就是要调整经济的波动，通过调控来熨平经济的波动——当经济过热时，往下拉一下；当经济紧缩时，刺激一下。因为经济发展本身具有周期性，所以，宏观调控政策必然具有正反两个方向的往复性，作为调控工具之一的银行，其信贷政策会跟随政策波动，直接反应为可容忍风险的波动。从这个角度讲，银行可容忍风险是随调控政策而上下变动的。

因此，银行可容忍风险是一条波动的曲线。

第三个因素是方向。

波动，反应的是短期内的变化。但从长期来看，波动也具有趋势性：是波动着靠近担保公司可容忍风险，还是波动着远离担保公司可容忍风险？还是随时间沿着水平方向波动，与担保公司可容忍风险始终保持一定的距离？

首先，决定波动趋势的核心因素是银行的信贷逻辑的变化：从违约制衡逐渐向信用发现延伸。这种变化趋势，必然导致银行可容忍风险越来越接近担保公司可容忍风险。

长期以来，银行对民营中小企业信贷业务的风险控制的基本思路是违约制衡。所谓违约制衡，就是通过担保方案的设置，增加贷款主体的违约成本，让贷款主体不会出现逆向选择。在传统的信贷业务中，这种违约制衡更多的是抵押物制衡。银行这样做的信贷逻辑是什么？第一，这种信贷逻辑是由银行的核心使命决定的。银行的核心使命是保证老百姓储蓄安全，而保证老百姓储蓄安全的必要手段，就是银行在信贷市场上，用老百姓的储蓄匹配风险较低的资产。那更高风险的企业融资，应该找谁？答案是多层次的资本市场：主板、中小板、创业板、科创板、北交所、新三板各层、地方股权交易所、私募股权基金等。这样才能做到风险与收益匹配，而只有风险与收益相匹配，才能体现出金融市场的有效性。第二，这种信贷逻辑受银行考核制度的影响。传统的信贷业务，银行考核到具体经办人，对产生的不良信贷，很多银行没有容忍度，甚至是终身追责，不仅影响个人收入，也影响个人职业发展，因此，经办人在项目方案的设置上，是审慎的。这和标准化产品的个人消费贷完全不同，标准化产品考核的是产品总体收益与损失，而不计较某笔具体的贷款。两种模式考核的底层逻辑不一样。第三，这种信贷逻辑和违约后的社会制衡匮乏相关，过去没有列入失信人名单、公开被执行信息、限制高消费等社会制衡手段。因此，抵押物制衡就成为唯一的风控逻辑。这种逻辑以"人性本恶"为假设前提，业务侧重点为抵押物价值，当骗贷普遍存在时，这种风控逻辑是必然的。

随着社会信用体系逐渐完善，对信贷违约的社会制衡越来越严厉，金融机构在民营中小企业的信贷风险控制上，也慢慢尝试着在社会制衡的基础上，发现信用：信贷可以不完全基于抵押物，给予企业一定信用敞口。这种逻辑以"人既恶也善"为假设前提，通过社会制衡来惩"恶"，以给予信用来扬"善"。其实，这也不是新鲜事，毕竟中小企业融资担保公司一直都在发现信用。

其次，普惠政策的持续性，也助推银行可容忍风险越来越靠近担保公司可容忍风险。从 GDP 贡献、税收、就业和技术创新角度分析，中小企业在国民经济中有着举足轻重的地位，理所当然应该支持中小企业发展。而中小企业普遍遇到的问题就是"融资难、融资贵"，破解此问题，需要政策的支持。长期以来，银行的普惠政策力度越来越大，很多银行都在亏着做普惠。从这个角度看，银行可容忍风险会越来越靠近担保公司。

现实也是这样，早些年，华夏、中信、浦发、渤海、浙商、渣打等银行每年多多少少都会和 EF 担保公司发展新业务；而近两年，上述银行可容忍风险逐渐提高，与 EF 担保公司几乎无新业务落地。

综上，"银行 + 担保"业务模式下，银行可容忍风险是一条随时间逐渐靠近担保公司可容忍风险的波动的曲线。我拿起笔，在担保公司可容忍风险草图上，画上了银行可容忍风险这条波动的曲线。

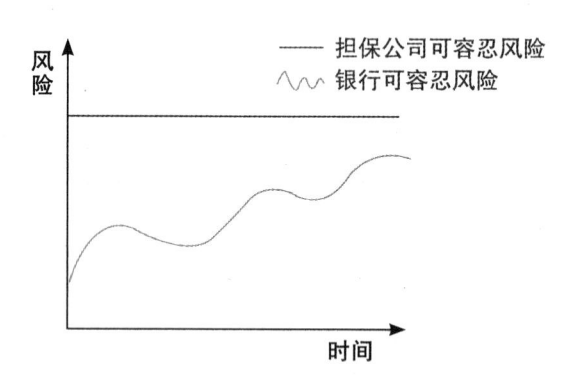

图4 担保公司与银行的可容忍风险变化线

哎呀,晚上忘记吃药了,一看手机,已快10点半了。吃了药,早点睡觉,期待明天会好起来。

07 受到质疑
激励制度与决策 1

"晓老师，早！"

"早！"

上午 9 点前，部门同事陆陆续续地到了。

今天星期四，按照惯例，公司要开评审会。评审会是一个很好的学习机会，不仅可以了解各种各样的企业，还可以欣赏担保从业 20 余年的评委们对项目做出的精准判断。我不知道如何用言语来表达对他们的崇拜，特别是那位托梦给我的领导，总是在别人的三言两语中，就能把事情看得很透彻。我深深地知道，自己 8 年的担保从业经历，掌握到的还是技能层面的知识；他 20 年的担保从业经历，让他对担保的认识早就到了人性层面。为中小企业担保，普遍都是为实际控制人担保，因此洞察人性的能力应该是担保从业人员最顶层的能力。

我打开 OA 系统，查看这周上会的项目。

"走啊，去给晓老师说！"

"走走走，我们一起！"

"啥情况？"隐约听见刘源和李亮在嘀咕，我抬头问。

"我们觉得公司的考核制度有点小问题。"二人一前一后走过来。

"嗯？工资算少了？"我第一时间的反应。

"不是个人工资的问题。我们觉得公司的考核制度和公司的业务发展有一点冲突。"刘源挠着头，看着我，又接着说，"或者……或者也有可能是你说的'我们的客户是银行'有问题。"

"早上我和刘源讨论了一下，最终认为是考核制度的问题。"李亮补充道。

"愿闻其详。"

"'银行+担保'业务模式下，我们的客户是银行，对吧？昨天你的分析，我弄明白了，昨晚我也想了很久，现在更加坚定。同时，我得出关于现状的'4个95%'的结论，这里也说一下。"刘源自信地说着，不等我说话，继续讲他的见解，"第一，95%的企业在接到担保公司的营销电话时，会立马挂断，即使企业需要融资；第二，担保公司95%以上的担保项目来源于银行；第三，95%以上的在保企业每年都会向银行提出能不能不要担保公司担保的诉求；第四，95%以上的企业退保后，不会再主动联系担保公司。晓老师，总结得如何？"

"鼓掌！"我拍着手，"总结得非常到位，可以分享给大家。然后呢？"

"然后？"刘源摸着脑袋，思维停顿了。

"考核制度和公司业务发展怎么冲突的？"我提醒。

"既然我们的客户是银行，那我们是不是应该营销银行？"李亮问。

"对，对，是不是应该营销银行？"刘源附和着。

"没错！"我回答，"如果你认识到银行是我们的客户，认识到95%的项目来源于银行，那么我们就应该营销银行，而且我们确实也是这样做的啊。"

"是的，我们确实是这样做的。而且，我们考核的绩效制度也鞭策我们这样做：绩效和担保费高度正相关，绩效和营销新项目的数量高度正相关。因此，为了这点绩效，我们经常出现两个部门抢项目，抢银行渠道，甚至，为了营销一个银行，曾经被否掉的项目，又想办法把它做下去。银行界流传着'EF担保公司的每个部门都是一个担保公司'这句话，为啥？这种抢法，这种营销方法，有利于公司业务发展吗？"李亮越说情绪越不受控制。

"别激动,别激动。评审会开始了,我们先去听一下评审会,听完后,再讨论这件事情。"我让他们去听评审会,一是平静一下李亮的情绪,二是给自己一点时间思考。

李亮说得没错,这就是当前业务现状。但是,仅仅以这个现状,就否定考核制度,是不是太不严谨了?而且,这个考核制度是公司请专业咨询公司,花费了3个月的时间设计出来的。况且,在这个持续了2年的考核制度下,公司业务规模逐年扩大。

逐年扩大的业务规模,不应该啊,这好像和昨晚画的那张草图相悖。

08 增长的业绩
政府补贴与业务

我从打印机下面抽出两张空白的 A4 纸,画下昨晚的可容忍风险图,看着图,我陷入沉思,"银行+担保"业务模式下,担保公司可容忍风险不变,银行可容忍风险是一条随时间逐渐向担保公司可容忍风险靠近的波动曲线。超过担保公司可容忍风险的项目,担保公司不会提供担保;低于银行可容忍风险的项目,银行又不需要担保公司担保。

那么,担保公司的业务范围不就是两条可容忍风险线之间的区域吗?我把两条可容忍风险线之间的区域涂上了颜色。

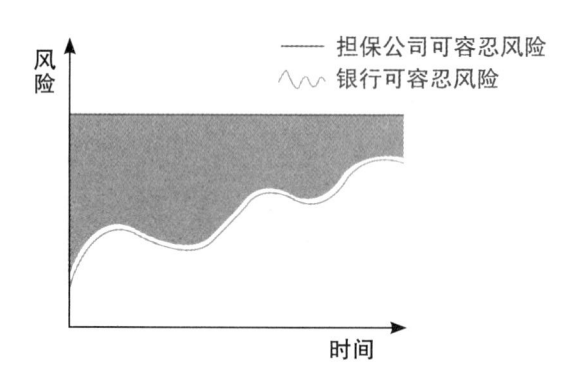

图 5 担保公司业务范围("银行+担保"业务模式)

很明显,随着时间的变动,"银行+担保"业务的范围越来越小。

也很明显,公司这两年逐年扩大的业务规模与此相悖。

哪里出了问题?

公司决策逻辑没变，决策层也没变，可容忍风险应该也没变。银行这两年去担保化的趋势，加上普惠的助推，使得银行的可容忍风险也是越来越高。图没有问题，到底是哪里出了问题？

业务地理范围的拓宽导致担保需求的增加？应该不是。公司 90% 以上的业务集中在 A 市及周边郊县，外地项目也仅限于省内 3 个小时以内车程的市县，况且，这一两年，公司的整个业务地理范围是向 A 市及 A 市周边郊县收缩，这同风险识别、风险应对和风险处置的能力相关。因此，业务的增长肯定不是业务地理范围变动造成的。

准入行业的放开导致担保业务的增加？例如，以前限制的房地产、钢贸、建筑劳务、产能过剩、高污染等行业，这两年被允许进入担保市场？肯定不是。银行对这些行业进一步增加了限制的强度，我们也不会放开。

同行业公司业务坍塌，导致其业务流向公司？这个更加不可能。为 A 市及周边的中小企业融资提供担保的担保公司屈指可数，且我们公司一家独大。这样来形容吧，如果把这些中小融资担保公司按照担保的在保余额、利润水平和该区域内行业影响力等比例分成五个梯队，第一梯队有且仅有我们公司，其余的担保公司都属于第五梯队。这种格局下，其他一两家担保公司业务的变动，就算区域内其他所有同行都坍塌，对我们公司的业务也不会产生太大影响。

社会经济增长所致？也就是说，这两年随着经济的发展，需要担保融资的中小企业快速涌现，弥补了银行可容忍风险提高引起的担保业务缩减？不应该啊，受新冠疫情影响，总体经济趋势是下行的，而且在 A 市及周边区域，这两年也并没有新增支柱产业。这也不是我们公司业绩增长的原因。

"呜……呜……"手机开始震动，是 A 银行 B 支行中小企业部主任的来电。

"晓老师，方便接电话吗？"

"方便，张主任，您说！"

"我们这儿有个存量客户，去年我们做的抵押贷款，成本是LPR（贷款市场报价利率）上浮20%，也就是4.62%，今年你看能不能我们合作，做'信产贷'这个产品？"

"可以对接，您约时间，我们先和老板见一面。"

"好的，等我电话！"

张主任提到的"信产贷"，是"银—政—担"模式下的一个信贷产品，是由A市政府主管信息产业的部门牵头，联合市财政部门，委托A市某某产业金融服务中心管理，面向A市信息产业中小企业，通过政府资金帮助企业增信、为银行分担风险的方式，联合银行、担保公司等金融机构开发的低利率债权融资产品。旨在帮助信息产业中小企业获得银行贷款，配套贷款成本补贴，缓解企业融资难、融资贵问题。产品以成本定价，银行利率上浮不超过LPR的20%，担保费不超过2%，财政资金补贴LPR的30%，补贴担保费的50%。

如果做信产贷产品，张主任所说的项目实际最高成本为：

$$3.85\% \times (1 + 20\%) + 2\% - 3.85\% \times 30\% - 2\% \times 50\% = 4.465\%$$

其中，3.85%是当前的LPR。与上年直接抵押贷款的成本比较，降低成本0.155%（4.620% - 4.465%）。

在这个业务中，我们可以简单地比较一下各方损益。

表2　信产贷产品参与方损益分析

类别	银行	担保公司	企业	政府部门	合计
信产贷	4.62%	2%	-4.47%	-2.15%	0
直接抵押	4.62%	0	-4.62%	0	0
差异	0	2%	0.15%	-2.15%	0

重要的是，对银行而言，在收益没有减少的情况下，主要风险由担保公司承担，银行自然乐意将自己原来的直接抵押信贷业务转移到该产品上；对担保公司而言，担保的是银行原来直接抵押的项目，较传统的担保项目风险更低；对企业而言，总体成本比直接抵押的成本要低，当然乐于

接受；对政府相关部门而言，支持了中小企业发展（希望政府在这类决策上，能考虑一下净增效益）。

在银行的普惠政策下，"信产贷"只是"银—政—担"业务模式下的一个产品而已，近三年来，类似的产品在 A 市如雨后春笋般出现。

"咦，咦，咦……"我不自觉地发出声音，好像找到了这两年业务增长的主要原因了。因为政府补贴的存在，让"银—政—担"业务模式下的信贷产品成本可能低于银行直接授信的成本，从而依托这些产品，担保公司业务可以拓展至银行原来直接抵押（或者直接信用授信）的项目。也就是说，"银—政—担"产品，让担保公司的业务渗透到银行可容忍风险之下。如果在可容忍风险图上表示，那么出现补贴类产品后，担保公司扩大的担保业务范围大致如下图所示。

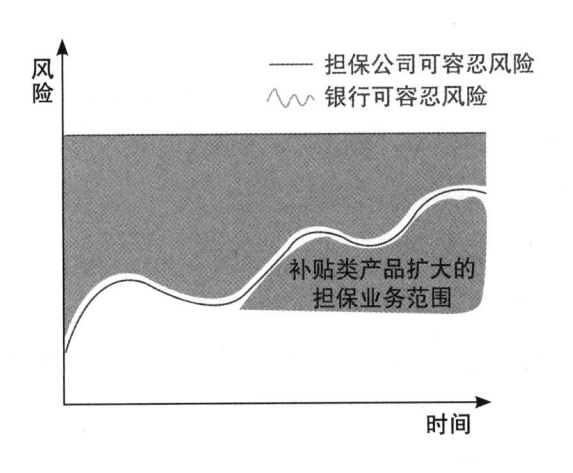

图 6　担保公司扩大的担保业务范围（"银—政—担"业务模式）

画完图，刚好到午饭时间！

09 | 三种结果
激励制度与决策 2

吃完午饭，我回到座位，闭上眼睛，头往后仰靠在椅子上，想一下下午的项目。这是我习惯的思考姿势。

"晓老师，晓老师，睡着啦？"迷迷糊糊中，听见李亮在叫我。

"啊？"我条件反射地立起身子，左右摆动了几下脖子，刚才又睡着了。

"评审会结束啦？"我问。

"结束了，今天上会项目不太多。"站在李亮身边的刘源回答道。

"哦！"我摸了摸嘴角，确认刚才没有流口水。

"那我们继续上午的问题？"

"什么问题？"我问李亮。

"考核制度和业务发展的问题：个人绩效和担保费高度正相关，绩效和营销新项目的数量高度正相关，这种考核制度利于公司业务发展吗？"

"来吧！"我打起精神，示意他俩坐下，"你们说，我听，看能不能反驳。"

站在不同立场讨论问题，是我们部门一贯的作风，这样更利于全面分析问题。为什么让他们说，我试着去反驳？一方面，对于这个问题，我确实没认真想过；另一方面，以我对李亮的了解，他是一个能控制自己情绪的人，早上说到这个问题时他情绪激动，我敢肯定这之后他对这个问题思考得非常深刻。

"公司业务可持续发展的前提是什么？"李亮问道。

"多收担保费少代偿。"我不假思索地回答。

"担保费和代偿，那就从收益和风险的角度来讲，没问题吧？"

"没问题，考核制度如果有利于收益的提高、风险的降低，那么它就是好制度。"

"我们先从收益来说？"

"可以！"

"个人绩效和担保费、新项目数量高度正相关，就是鼓励大家做新项目。因为除了新项目数量是直接的考核指标，新项目也是担保费收入增长的原因。没错吧？"

"没错，鼓励大家营销银行，获得新项目。"

"如果大家不那么抢项目，那么这些年新增的项目银行会找谁？"

"我想想……"我稍做停顿，"绝大部分项目肯定还是找我们公司。"

"为什么？"刘源问。

"这点自信还是有的。支付同等担保费，从第一梯队的唯一和第五梯队里的众多担保公司中选择，那肯定选择第一梯队中的唯一。逻辑很简单，担保公司的产品是担保能力，第一梯队的担保能力远远强于第五梯队，在不存在其他利益关系的条件下，理性的银行必然选择担保能力更强的担保公司。银行看中的是担保公司的担保能力，而不是项目经理的营销能力。普遍来说，银行选择哪家担保公司和项目经理的营销手段没有必然联系。"我看着刘源回答道。

"我和晓老师观点一致。"李亮点头，继续说道，"有个认识，我说出来分析一下是否恰当？"

"请说。"

"绩效激励制度对业务产生的结果有三种：第一种，让业务在公司内部不同项目经理之间分配；第二种，让业务在不同担保公司之间分配；第三种，让业务发生。"

"能具体一点吗？"

"特定的市场上，需求是确定的。如果一家公司的业务在该市场形成垄断，不管这种垄断的形成是因为行政许可、资源独占、专有技术，还是规模经济等原因，一旦垄断形成，只要以业务量作为绩效激励的主要指标，其结果就是让业务在公司内部不同人员之间进行分配。如同我们公司的'银行+担保'业务。这是第一种结果。"

"继续。"

"如果业务是充分竞争的，比如我们公司的分离式保函业务，不仅有本地同行的竞争，还有外地担保公司的竞争，甚至保险公司也参与其中。这种每个公司都可以做的业务，拼的就是营销能力。那么，以业务量作为绩效激励的主要指标，其结果就是让业务在不同担保公司之间分配。这完全没问题，绩效理所当然地应该与担保费收入高度正相关，且每一元担保费收入对应的激励金额，应高于传统的'银行+担保'业务模式下的金额。毕竟，对于这种业务来说，个人营销能力的重要性远远大于公司的担保能力。这是第二种结果。"

"继续。"

"第三种结果就是让业务发生，即创新。你不做，这个世界都不知道它的存在。"李亮喝了一口水，又接着说，"当前，绩效和担保费、新项目数量高度正相关的激励制度，就只产生第一种结果。实质上，它并没有给公司带来净增收益，这说明当前的激励制度不利于公司业务发展。我个人觉得，利于公司业务发展的激励制度，一定要产生第二种、第三种结果。"

"你说的这些好像有道理。这几年公司业务的增长确实不是考核制度激励下的结果。"我一边说，一边把刚才画好的扩大的担保业务范围（"银—政—担"业务模式）图放在他们面前，"我觉得，这两年业绩的增长，更多是因为'银—政—担'产品的推出，让企业融资成本更低，银行风险更低，从而将担保公司的业务范围扩展至银行可容忍风险以下。"

"啥？可容忍风险？"二人盯着图，满脸疑惑。

"从风险角度怎么看？当前考核制度是否利于风险的降低？"

"你觉得呢？晓老师，难道你认为内卷能让项目风险降低吗？"

"哈哈哈哈，不认为。这个问题就不讨论了。"

"晓老师没有反驳，是不是完全认同我的观点？"

"你是不是和别人争项目了？"我反问李亮，"哈哈哈哈，发一下牢骚就舒服了吧？你这么沉稳的人，都控制不住情绪，事出反常必有妖。"

"啊？也不是争项目，就是觉得太过分了。"

"有更好的激励制度吗？我不知道！但是，如果你希望出现第二种、第三种结果，那就朝着那个方向努力，即便是现在的考核制度并不鼓励你那样做。"

"我希望出现第三种结果！"

"付出并不一定要用绩效来评价，特别是绩效制度可能存在问题的时候，有的人为了钱，有的人还有梦想！送你两句话，我们共勉！"

"啥？"

"但行'好事'，莫问前程！但行'好事'，莫问前程！"

"另外一句呢？"

"这就是两句，仔细品。"

10 推高可容忍风险？
损失补偿与决策 1

周五一大早，还有 50 分钟才到上班时间，李亮已到公司。

"吃早饭了？"

"吃了个面包。"李亮回答我时，连头也没抬一下，继续写着什么。

我坐到位置上，准备吃早餐，却发现我画的那幅图不在桌上了。"百分之百在李亮那里，"我心里暗暗想，"来这么早，一定把我的图拿走了。"

"看完了要还给我。"我大声说道。

"你怎么知道是我拿的？"

"除了你，还会有谁？"

"等你吃完早饭向你请教！"

没等我吃完，李亮就坐到了我面前。

"需不需要我讲一遍这幅图形成的思路？"我嘴里塞着面包说道。

"我斗胆揣测一下你的思路，你听听看是否正确？"

"好啊，这样不错！和聪明人聊天就是不累！"

……

我一点也不惊讶，他完全理解了我要表达的意思。

"有个小问题，"李亮的脸上露出一丝不解，"你有没有想过，补贴类产品会不会推高担保公司可容忍风险呢？导致图中担保公司可容忍风险的上移，从而扩大担保业务范围？补贴类产品除了贴息，财政资金还要承担部分损失呢？担保公司最终损失率要降低，变相是代偿率降低，可容忍风险不就可以提高吗？你常常提到的'规则不变，逻辑不变，底线不变'，这没问题，但是，政府的损失分担让规则发生改变了吧？"

"早，晓老师！早，亮哥哥！"刘源也早早到了公司，"聊啥呢？"

"聊损失分担是否影响项目决策。"

"再担保是不是可以让我们扩大业务规模的问题？"

"差不多，不只有再担保，还有分损的'银—政—担'产品。"

"这个问题我认真思考过！"刘源还没放下包，就凑了过来，"极端情况下，如果每个项目代偿后损失率为 100%，再担保或者'银—政—担'产品资金池补偿损失的 50%，相当于代偿损失减少了一半，只要在维持原来同等损失的情况下，代偿率就可以提高一倍，那么，担保公司可容忍风险也可以提高一倍，相应地，业务量还可以提高一倍，我们的在保余额可以从 100 亿元做到 200 亿元，担保规模成倍增加，担保费增加，损失不变，利润则增加……"

"哇……解决中小企业融资难、融资贵的问题又进一步，真的是利国利民利己的事情啊！"李亮打断了刘源的讲述，并瞥了他一眼，"两种人会这样想。"

"哪两种呢？亮哥哥！"

"别肉麻！一是你这种天真纯洁的人。"

"谢谢！另外一种呢？"

"另外一种就是你这样的 Super boy。哈哈哈哈哈哈……"

"滚……"刘源不甘示弱地望着李亮，"那你说，哪里没对？"

"哈哈哈哈，"听到这个"Super boy"，我忍不住也大笑起来，对李亮说，"你刚才的'小问题'不就是和源兄一样吗？难道你也是 Super boy？"

"我和他才不一样呢，"李亮嫌弃地说，"虽然我和他的意思类似，但我和他的想法完全不一样，他是肯定他说的，我内心深处是否定我问的，只是我的思路没有理顺而已。"

"那你们再理一下。"

"按照刘源说的,'极端情况下,如果每个项目代偿后损失率为100%,再担保或者"银—政—担"产品的资金池补偿损失的50%,相当于代偿损失减少了一半',如果在保余额为100亿元,代偿率为2%,极端情况保全回收为0,那么代偿损失为100×2% = 2亿元,如果补偿一半,实际损失就是1亿元。虽然是按最终损失补偿,但只要补偿资金在代偿后就预先按照代偿金额的50%及时到位,那就是代偿损失减少一半,到这里没问题。'只要在维持原来同等损失的情况下,代偿率就可以提高一倍',也就是说如果维持2亿元的损失,那么可容忍的代偿率可以提高到4%。因为1 / 2×(100×4%)= 2亿元,好像也没有什么问题。"李亮自言自语。

"对呀!如果代偿率允许提高一倍,那不就是可容忍风险提高一倍,所以到这里也没问题……"刘源插嘴道。

"停!停!停!问题好像就出在这里。如果这里也正确,那么其逻辑就是补偿让损失减少一半,维持原损失,就可以放纵一倍风险的发生?"李亮急忙打断刘源,稍做停顿,继续说,"我觉得这里有点问题。虽然我不能说出具体的问题所在,但是,我觉得这里不符合常理。举几个简单的例子:第一个,某车辆保险,若车子被盗,将获得50%的赔偿,买保险前后我们停车行为会有差异吗?会不会因为买了保险,就可以丢掉离开之前拉一下车门的习惯?第二个,手机摔坏,可获得摔坏时旧手机价值50%的赔偿,这个可能的赔偿会改变我们使用手机的方式吗?第三个,因为购买了意外险,所以我们就不像以前那么好好走路了?"

"买保险反正不会改变我的习惯。"刘源回答。

"那,同理,有了部分的损失赔偿,就会影响我们的项目决策吗?"

"啊?你这个类比……你这个类比……你这个类比听起来也不是没道理。"刘源越说声音越小,"但是,如果代偿率允许提高一倍,理论上,公司的可容忍风险当然可以提高一倍。"

"晓老师！晓老师！求助！"李亮眼巴巴地看着我。

"你们可能混淆了两个概念，可容忍代偿率和可容忍代偿可能性。可容忍代偿率是对总体风险容忍度的评价，可容忍代偿可能性是对单个项目风险容忍度的评价，两者是不同层面的可容忍风险，内涵不一样。李亮类比的是单个项目或者说个别项目的决策，你说的是总体上对可容忍风险的考虑。"

表3　不同层面的可容忍风险

概念	评价对象	内涵
可容忍代偿率	总体	允许代偿÷担保发生
可容忍代偿可能性	单个项目	允许发生代偿的概率

"总体不就是每个个体的结果吗？"刘源望着我，"因为损失补偿存在，可容忍代偿率可以提高到4%，项目足够多，单个项目可容忍的代偿可能性不就是4%吗？"

"不一定是这样！"

"为什么？"李亮抬起头。

"两个原因，一是考核制度问题……"

11 又是考核制度的问题
损失补偿与决策 2

"这也和考核制度相关？"

"是的，只有考核制度统一，才能确保二者数值上一致。"

"什么是'考核制度统一'？"

"就是考核制度要确保所有权、决策权、执行权三权层面目标的一致性。"

"我晓得所有权和经营权的不一致，也晓得立法、司法和行政的三权分离，你这个三权层面目标的一致性又是什么？我们书读得少，确定没有骗我们？"李亮调侃道。

"人和人之间，这点信任都没有了？"

"晓老师，继续说，别理他。"刘源一改平日的戏谑，反而严肃起来。

"对了，你这个月工资如何？"我没有理会刘源，反而看着李亮。说到考核制度，刚好昨天下午又发了工资，突然想到上个月李亮管理的项目——凤潜商贸发生了代偿，我想安抚一下他的情绪。毕竟，凤潜商贸项目是原项目经理离职后今年才移交给他管理的项目，他接手后，有效地将担保余额 250 万元压降至 150 万元，实际代偿金额为 150 万元，考虑抵押物价值，该代偿项目肯定能 100% 回收，只是这个月扣了他的绩效，难免心里有怨言。

"因为上个月的代偿，被扣了绩效。"说到被扣绩效，李亮有点沮丧，"下半年发生代偿最不划算，如果当年 12 月底前收不回，被扣的绩效就永远没了,你说我们这个考核制度,奇怪不奇怪?如果我 12 月代偿,次年 1 月收回,还不如 1 月代偿 12 月收回。对了,我听说隔壁部门去年代偿的五湖项目上个月也全额回收了,但是,被扣的绩效也没了,公司一分钱都不会补给你。"

"从你的角度,宁愿 1 月代偿 12 月收回,也不愿 12 月代偿 1 月收回,是因为 12 月进行年度考核,影响绩效。但,不考虑考核因素,对公司而言,两者相比较,更倾向 12 月代偿,1 月收回,这样代偿占用资金时间最短。这就是考核制度不统一,考核制度没能在所有权层面和执行权层面确保目标的一致性。"

"唉!我还以为你真的是在关心我的收入,原来还是在讲刚才的问题,伤心啊!"李亮故作伤心态。

"都习惯了晓老师这样,你也不要假装悲痛欲绝了。"刘源轻轻拍了一下李亮。

"按我个人理解,所有权和经营权相分离,经营权也存在决策权和执行权的分离。至少有三个层面,所有权层面、决策权层面和执行权层面,分别对应股东、决策者、业务经理三类不同的主体。这三类主体的决策目标不完全相同,股东要求利润最大化,我们是想工资收入最大化。另外,各自对应的损失也不一样,在考核指标和对代偿的容忍上也存在很大的差异。"语音刚落,我在纸上画出了不同主体的决策差异对比表格。

表 4　不同主体的决策差异对比

项目	股东	决策层	业务经理
决策目标	利润最大化	绩效最大化	绩效最大化
损失定义	净资产减少	绩效降低	绩效降低
考核指标	公司净利润	公司净利润	保费、新增户数、代偿
代偿容忍	总体代偿率	总体代偿率	0(任何一笔代偿均会扣绩效)

"可容忍代偿率是股东和决策层的目标指标,一般为 1%～2%。决策层考核指标是实际代偿率,评价标准是实际代偿率和可容忍代偿率之间的偏差。按理,可容忍代偿可能性是业务经理具体项目的目标指标,但是,按照公司当前考核制度,实际发生的任何一笔代偿都会扣减业务经理的绩

效。换句话说，公司当前考核制度可容忍代偿可能性是零。"

"零是什么概念？"

"就是预计不会代偿！"

"晓老师，如果总体评价的绩效制度和个体评价的绩效制度相统一，是否就可以让决策层和业务经理层对风险容忍度达成一致？"李亮看着我，若有所思。

"朝哪个方向统一？"

"如果统一到业务经理层面的零容忍，那就没办法开展业务了。"

"如果统一到总体层面，则不利于风险控制。"

"我想的是统一到总体层面。假设一个担保公司决策目标不是利润最大化，而是在盈亏平衡下，担保项目数量最大化，担保余额最大化。为实现这个目标，我们要做的不仅仅是通过损失补偿来提高公司层面的可容忍代偿率，更重要的是必须在考核制度的设置上，将这个提高的可容忍代偿率传递到单个项目决策的可容忍代偿可能性上去，对吧？"

"哈哈哈哈，不用假设一个公司，你说的就是政府性融资担保公司呗！"我拿起笔，在刚画的表下面又列出一个表。

表5 政府性担保公司不同主体的决策

项目	公司	管理层	业务经理
决策目标	盈亏平衡、项目数量最大化	绩效最大化	绩效最大化
损失定义	净资产减少	绩效降低	绩效降低
考核指标	利润、在保项目金额、个数	？	？
代偿容忍	总体代偿率	？	？

"对，对，对！"李亮不停地点头。

"理论上是这样，但这太难了，搞得不好，会唤醒人性之恶，要出大问题。"

"啥叫唤醒人性之恶？出啥大问题？"刘源吃惊地问。

"自己慢慢想……"

"好吧！那另外一个原因呢？"

"什么另外一个原因？"

"你不是说'两个原因，一是考核制度问题'，二呢？"

"9点半了，今天约了客户去看个新项目，我要出发了！"

"嘿嘿，上午我没安排其他事情，我和你一起去！"李亮说道。

"我也没安排其他事，我也去！"

"走吧！"

刘源赶紧回到自己的位置，放下包，拿起笔记本和名片。

12 另外一个原因
损失补偿与决策 3

"晓老师，继续！"

"拜托，刚关好车门，车都还没启动，急啥！对了，我们要去的这家企业，你们连它的名字都不晓得，等会儿过去聊啥？跟我出来混日子来了哇！"我一边说，一边启动车子，"在企查查上面查一下，看看它的股权结构、关联企业、涉诉情况……"

"晓老师，你说企业名称。"刘源在后排拿着手机说。

"伍帝科技有限公司，大写的'伍'，'皇帝'的'帝'。"

"两个自然人股东，大股东持股90%，从名字上看，一男一女，有可能是夫妻关系。两个股东名下，没查到投资的关联公司。主营业务是油气管道腐蚀、缺陷检测及修复服务，没有诉讼信息，公司比较干净。"刘源查到了这家公司的工商信息。

"油气管道腐蚀、缺陷检测及修复就是给油气管道运营单位提供检测和修复，客户群体应该是中石油、中石化、中海油及其他燃气公司，百度上搜索到了他们公司，有公司官网，官网信息持续更新，最近连续中标中石油西北石油管理局下的两个修复项目，公司资质页面还展示了几项专利信息，都属于计算机软件著作权。百度上没有搜到负面信息。"李亮也在百度上搜索这家公司的相关信息。

"最想了解什么？"听了他们一人一段话，我问道。

"我最想了解企业的业务来源。"刘源说。

"具体点。"

"业务承接靠关系还是靠技术？"

"废话！老板肯定说先得有技术，关系不重要！"李亮回答刘源。

"那你最想了解啥？"刘源反问李亮。

"核心技术，这个业务需要技术的，他们的核心技术是什么？"

"还不是和我最想了解的差不多……"

……

"给报表画个像呗！"我打断他们的争吵。

"你牛你先。"李亮从副驾上转头对刘源说道。

"我先就我先。"刘源也不示弱，"主营业务是油气管道的检测和修复，客户是央企及地方燃气公司，那么报税收入和企业实际收入的差异应该是跨期的问题，且差异不会太大。检测和修复业务需要一定的工期，面对这些客户，企业属于弱势地位，大概率要先垫资，而检测和修复的材料成本占比小，主要成本是人力成本，特别是修复时候的开挖等工作需要投入大量的人力成本，而每个月工人的工资必须按时支付，那么，企业垫资的压力是没办法往上游传递的。但是，按照这些央企客户的结算习惯，当年预算又必须年终支付，那企业到年末的时候，会大量收款。反映在报表上就是年初货币资金，应收账款少，往后应收账款逐月增多，货币资金越来越少，年底应收账款陡然减少，货币资金又多起来……"

"不错哦！源哥哥，今天让人刮目相看！"李亮竖起了大拇指。

……

项目比较简单，我们10点到企业，刚过12点双方的沟通就结束了，大致情况和他们在车上说的差不多，企业对资金需求的原因也是最近中标的两个大项目需要垫资。

我把车从写字楼的车库开出来。

"晓老师，另外一个原因是啥？"

"哈哈，又来了，"他们越着急，我越不想直接回答，"先说说刚才这家企业，你们觉得他们的核心技术是什么？"

"核心的技术是能准确测量出管道损伤点的位置。"

"对，我和源兄的认识一样，就是他们的'管道智能内检测缺陷高精度定位技术'，损伤位置可以精确定位到厘米，只要将测试设备连接上管道，通过一系列数据获取、计算等，就可以知道损伤位置离连接设备的位置有多远。"

"离设备位置 31 483.24 米，很精确吧？"

"嗯！"

"那怎么去找到这个精确的点？"

"拿着管道铺设的图纸，结合作图的比例，就可以找到损伤点。"

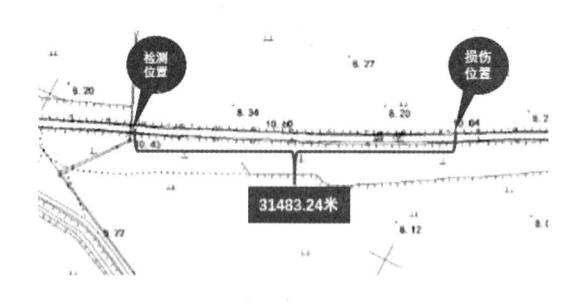

图 7 管道铺设图上损伤点（图不准确，但不影响要表达的意思）

"然后呢？"

"然后就开挖，修复！"

"两位哥哥，这么简单？"

"要不然呢？"

"你在图纸上开挖？"我接着说，"如果到现场大致的位置，发现管道横躺在河流、高速公路和田野之下，你从哪个地方开挖？不同点的开挖成本截然不同，那个精确的 31 483.24 米到底在哪个位置呢？"

图 8　损伤点大致位置现场

"啊？"

"下次尽调的时候，一定要问清楚这个问题。"

"哦！"

"现实中操作时，需要找到一些可循迹的点，比如，可能在 31 000 米处有一个立在地面上的标识，标明'31 000M'，这样从那个点往损伤方向再找 483.24 米，就更容易找到损伤点。但是有些数字仅仅是数字，如果在具体操作时，没有可循迹的点，那数字就没有办法指导具体工作。"

"啊？什么数字？比如？"

"比如，可容忍代偿可能性。因为损失补偿存在，可容忍代偿率可以从 2% 提高到 4%，在项目足够多、考核制度也统一的情况下，单个项目可容忍代偿可能性也可以提高到 4%，这完全没错，但是这并不能指导我们具体项目的决策。因为，我们没法在数字和现实之间循迹到连接的点，我们无法量化一个项目的代偿可能性。哪些企业按 2%？哪些企业按 4%？2% 和 4% 的差异是企业收入规模少一半？还是现金流少一半？还是少一个人签信用反担保？还是少一套抵押物？……谁能知道呢？"

"那总体的可容忍代偿率增加，不影响具体项目的可容忍代偿可能性？"

"这就是第二个原因，我们无法量化单个项目的风险，所以可容忍代偿可能性是 1%、2%、4%，甚至 6%，对我们决策单个项目都没有任何影响，决策的唯一标准，就是预计不会代偿。"

……

"晓老师,从你的观点中,我发现你不看好政府性融资担保公司。"

"没有!没有!哪敢!哪敢!"

......

"每天都有收获!中午吃啥?我请客!"李亮说。

"豪华面加煎蛋!"

13 可以百度的问题

分担与决策 1

面馆离公司不远,停好车,步行就到,点餐,0131号。

"银行分担的作用是不是和政府补偿类产品、再担保一样?"刚一坐下,刘源就提出了问题。

"不完全一样!"我从筷筒中抽出一双筷子。

"损失分担作用一样,风险控制作用不一样,"李亮补充,"银行分担更大的作用不是损失的分担,而是因为分担带来的信息充分性,在风险识别、应对和处置上,银行的分担起着不可替代的作用……"

"这个问题你可以去百度!"

"哦!"豪华面还没上桌,刘源开始玩起了手机。

确实不一样,这种可以在百度上搜索到答案的问题,我也就不想展开详细说了。

一个持续经营(有既定业务规模、持续盈利、持续经营净现金流为正)的中小企业融资担保公司,如果考核的目标是利润最大化(不是考核盈亏平衡下业务规模最大化),那么,产品、再担保、银行分担在对公司业务范围和单个项目风险控制上,存在不同的效果。

表6 产品、再担保、银行分担对持续经营担保公司的影响

项目	"银—政—担"产品			再担保	银行分担损失
	贴息、补保费	银行分担损失	损失补偿		
担保公司业务范围	扩大	不影响	不影响	不影响	不影响
单个项目风险方面	风险更低	利于风险控制	不影响	不影响	利于风险控制
公司净利润	利好	利好	利好	利好	利好

14 发飙的项目

分担与决策 2

"听说昨天评审会上,领导发飙了?"我问道。

"是的!"李亮来了兴趣。

"啥情况?"

"有个项目,EF 银行推荐过来的,企业经营一般,但抵押物不错,抵押给我们的资产是 B 市的一套学区房,60 平方米,评估价 600 万元。我们担保贷款 700 万元,你知道担保责任是由我们和 EF 银行按 7∶3 分担,介绍方案的时候项目经理说'我们担保责任是 700 万元的 70% 也就是 490 万元,比抵押物价值还少了 100 多万元,就算企业经营出问题,把抵押物变现,我们的损失也基本为零'。领导一听就发火了,把项目经理狠狠地批了一顿。"

"银行办顺位抵押没有?"

"没有!"

"谁的项目?"

"大壮朱!"

李亮说的"大壮朱",是融资担保二部的朱大壮。

"该被骂,他来公司都 3 年了。"

趁面还没煮好,我向李亮打听昨天领导在会上发飙的原因。刘源沉默不作声,坐在李亮旁边继续玩着手机。我向李亮使了个眼色,暗示他考一下刘源,我知道,刘源很大可能还没搞懂。

李亮心领神会，立马问道："源兄，昨天大壮朱上会，被批的时候你在不？"

"在啊，昨天晓老师让我们俩去听会，我在你旁边啊！"刘源继续看着手机，没有移动视线，心不在焉地回答着。

"你搞懂没有？"

"你觉得呢？"

"我觉得你没懂！"

"怎么可能！敢不敢赌两杯咖啡？"刘源放下手机，认真地对李亮说。

"为啥是两杯？"

"晓老师肯定得有一杯！"

"谁输谁赢我都有咖啡吗？"我打趣地问道。

"赌！"李亮回答得斩钉截铁。

"我反正都有一杯咖啡，那我当裁判，咖啡算是给裁判的酬劳。"

"四个字——最终损失。"刘源轻蔑的眼神，像在说他赢定了。

"然后呢？"

"然后？还要我明说，是吧？拿大壮朱昨天上会的项目来说，我们和EF银行签订的合作协议约定的是'最终损失'按7∶3分担，因此我们承担的责任并不是700万元的70%。极端考虑，如果到期了企业无法归还700万元本金，处置抵押物收回600万元，最终损失100万元，那么我们要承担的是这100万元的70%，即70万元，银行只损失30万元。只要有最终损失，我们公司就有损失。"说完，刘源望着我，像在等待我宣布他获胜的结果。

"你说的只能证明你懂了一半！"李亮说道。

"你输得起不？想赖账？"刘源不服气。

"那我问你一个问题，你觉得按照朱大壮的设置方案，如果项目逾期700万元，抵押物拍卖净价款600万元，没有其他追偿收回，我们公司的损失应该是多少？或者在多少元至多少元之间？"李亮问刘源，"想好了再回答！"

"（700万元－600万元）×70% = 70万元，70万元，70万元，确定的事情重复三遍！"

"我觉得应该是70万元～147万元。"李亮抬了抬眉毛。

"70万元～147万元？147万元？怎么算的？鬼才信你！输不起咖啡？输不起就不要打赌！"刘源又拿起手机，继续玩起来。

"我赞同李亮的结果。"我宣布了结果。

"Why？"刘源抬起了头，手机上游戏的画面还在继续。

"什么叫'最终损失'？"李亮问。

"没有可执行的财产！"

"什么叫没有可执行的财产！"

"法院出具无可执行财产的判决书！"

"如果是个人提供了连带担保？没有可执行财产时，是追偿到个人破产还是个人死亡？"

"啊？个人破产？我们国家可以吗？应该是追偿到个人死亡。"

"追偿到个人死亡，那'最终损失'是不是就迟迟不能确定？"

"是！"

"如果迟迟不能确定，我们是不是就可以不代偿？"

"不！我们需要先按照逾期金额代偿70%。比如，朱大壮的项目如果逾期700万元，我们先代偿490万元，之后无论是我们还是银行追偿回来的款项，都在我们和银行之间按照7∶3分配。"

"先代偿490万元，确定吗？"

"肯定！"

"那我们抵押权的优先受偿金额是多少？"

"啊？700万元？600万元？"

"只代偿了490万元，那优先受偿权就只能是490万元。"李亮插话。

"如果有其他债权人,那 600 万元减 490 万元剩余的部分能保证我们受偿吗?"

"不……不……不一定我们受偿!"

"算一下,我们的损失……"李亮说完,大喊,"老板,面好了没有?饿晕了!"

"我请你们喝咖啡……"刘源接着问,"那怎么解决呢?"

"银行办顺位抵押!"李亮说道,"或者,先代偿多一点……"

"先代偿多一点可能吗?"

……

听着李亮和刘源还在继续讨论,我倒是觉得豪华面确实味道不错。不过,我又陷入另一个问题——个人破产制度,说个人破产制度,好像偏题了。

15 统一的决策逻辑?
单个项目决策逻辑 1

太阳照在身上暖洋洋的,银杏树叶飘落在街道上,金黄金黄,真的很美!豪华面加煎蛋,一杯暖手的咖啡,太有满足感了。如果下午不上班,路上没有车,我愿意躺在马路上……

回到公司刚好下午 2 点。

"我更倾向于规则应该是简单的……"潘林坐在位置上,黄景、张航站在他的旁边,张航看见我们回来,没有接着说下去,反而说道,"晓老师,我要喝你们手上那个……"

"哈哈,"我一边坐下,放下咖啡,一边拿出手机,"下单 3 杯。"

下完单,我把口令截屏发给了张航,让他下楼去拿。

"什么规则应该是简单的?"刘源把笔记本丢在桌子上,问道。

"被考核人都搞不懂的考核制度哇?"李亮跟着问。

"嘿嘿,考核制度又背锅,"潘林说道,"不是考核制度。"

"那是啥?"

"项目决策的规则!"

部门的人开始讨论这样的问题,我倍感欣慰,我最喜欢这种对底层逻辑的思考。遇到大家主动思考问题时,我会想办法加一个"放大镜",让大家讨论得更热烈,思考得更深入。

"大家下午有其他安排吗?如果没有,我们可以坐到一起讨论一下!"

"我没有。"

"我也没有……"

"我去问一下会议室。"黄景听到大家都说没安排，跑出去问会议室的占用情况。

很快黄景就回来告诉大家："2号会议室空着！"

"2号会议室，10分钟后我们碰头！主题：单个项目的决策逻辑。"

10分钟后，大家都到了2号会议室，包括提着咖啡的张航。

"谁先抛观点？"我问。

"我来，"黄景自告奋勇，"自然界应当满足简单性原则，大家听说过'大统一理论'没？人类寻求某种统一的理论来解释所有的相互作用，我觉得存在这样的理论，只是还没发现而已。中午我们在讨论公司单个项目的决策规则时，我觉得也应该存在一个简单的决策逻辑适用于我们担保的所有项目。"

"我持反对意见！"潘林说，"你说的是自然科学，担保是社会科学！"

"社会很单纯，复杂的是人……"刘源哼着歌，"我赞同我潘哥的说法。"

"给中小企业做担保，就是给实际控制人做担保，每个人的不同，导致每个项目都有自身的特殊性，也造就了项目的复杂性，要找到统一的决策逻辑适用于所有项目的特殊性，不太可能，这是其一。"潘林接着说，"其二，如果从每个项目中抽象出共性，那么只有一个指标——风险的大小。但是我们无法量化风险，我们没有办法用数字去描述每个项目的代偿可能性。当然，如果可以量化，那问题就很简单了。比如，代偿可能性低于1.5%，我们就提供担保，超过1.5%，我们就不提供担保。可是，我们没有这个能力啊！"

"我支持黄景的观点！"李亮抬起头。

得到李亮的支持，黄景向刘源挑衅地挑了挑眉毛。

"复杂的人也有共性，把人的行为抽象出来，普遍都倾向理性、利己、考虑机会成本、考虑边际效益……一系列共性的东西。简单的原则不一定是可量化的数学公式，我们想一下，公司每次开评审会的时候，会上都坐着7个评审委员，一个项目担保或者不担保，他们都会发表意见，而90%以上的项目决策，意见都出奇的一致，什么原因？"

"有评委在划水！"

"好好说话！"我看着刘源，用眼神告诉他说话要严肃些。

"晓老师，我没有说你开评审会的时候在划水！"

"说谁都不能这样说！继续！"我转头看着李亮。

"我觉得，是因为绝大部分评委心中都有一个判断的逻辑，要不然不会如此快速地得出结论。而且，大家的这个逻辑很可能是统一的，要不然不会得出这么一致的结论。统一的，一定是简单的。"

"我不完全认同李亮的观点，如果不能用一个标准去量化，就没有办法统一，一千个读者心中有一千个哈姆雷特，说的就是这个意思。7个评委，对同一个项目的评价，可能都是'好项目'，但是，要7个'好项目'意思趋于一致，必须要求7个评委心中'好项目'的标准是一样的。每个人认知不同，对'好'的锚定不同，有可能你心中的'好'，只是另一个人心中的'一般'而已。如果没有统一的标准，7个'好项目'代表的意思可能不尽相同。"潘林说完，便望着李亮。

"你对'统一标准'的理解可能狭隘了一些，通过相同的公式计算出的一个数字，叫统一，那定性的评价就不可能统一吗？举个例子，我们评价一个人，如果认识的人都说这个人各方面都优秀，那么我们可能首先想到的就是这个人品德好、知识渊博、能力强，统一的标准不一定需要量化。"李亮反驳道。

……

"做出可以提供担保的决策时，你的逻辑是什么？"潘林问李亮。

"资产负债率低，盈利能力强，贷款用途真实，收入和贷款额度匹配，并且……"

"停！"潘林打断后说，"哈哈哈哈，这么多方面，不是简单的逻辑啊！"

"10个字以内！如果能概括出来符合所有人的决策和所有担保公司的决策，那么，这就应该是我们决策的逻辑。"我打断他们的争论。

"负债低，盈利强，用途合理，10个字了。"黄景说道。

"贷款额度匹配不？万一老板是个大老赖呢？你这10个字都没有考虑这些信息。这10个字肯定不全面！"刘源说。

"人好！资产好！盈利好！用途好！"李亮说。

"什么是好？"潘林问。

"预计不会代偿。"张航突然说道。

"废话！如果预计代偿，谁还会担保。"刘源继续反对。

"那这不就是最统一的逻辑吗？预计不会代偿！对每一个要担保的项目，对每一位项目经理，对每一位评委，对每一家担保公司，都是这个逻辑啊！我赞同张航说的。"李亮说，"'如果预计代偿，谁还会担保'这句话正好能说明'预计不会代偿'的高度统一性。"

"你说的这个就是废话！"潘林说。

"逻辑就是这样！"

"废话！"

16 预计不会代偿
单个项目决策逻辑2

"'废话'还是'逻辑'需要我们展开来看背后是否有内容。如果背后是废话，那么这句话也是废话；如果背后是完整的逻辑体系，这句话就是逻辑。"

"赞同你说的，但是，我觉得你说的这句话也是废话。"

李亮和潘林继续争论。

"哈哈哈哈，赞同'废话'，矛盾了哦，"我打断了他们的讨论，"请问预计不会代偿和人好、资产好、盈利好、用途好有差异吗？"

"人好、资产好、盈利好、用途好是预计不会代偿的展开。"

"每一面都优秀是不坏的展开吗？"

"啊？"

"有没有发现预计不会代偿和人好、资产好、盈利好、用途好的底层逻辑不同？"

"你这样说，我觉得好像确实是有点差异。"潘林看着我说。

"这些年打过交道的中小企业，什么都好的是凤毛麟角，绝大部分企业普通得没有一点存在感，这也可以理解。毕竟，我们担保的是次级信贷业务，各方面都好的企业，银行会需要我们担保公司介入吗？人好、资产好、盈利好、用途好这绝对不是我们决策的逻辑，否则我们的业务将会没有市场。"

我把最后一口咖啡喝掉，都已经凉了。

"预计不会代偿盯着的是风险,评价的是底线,就是穷尽了能获得的方方面面信息,判断有没有代偿的风险事项,但是,没有发现代偿的风险事项不代表各方面都好,很有可能就是不坏,这是二者的本质差异。盯着风险,那就要注重风险识别的全面性:木桶装水的多少,取决于最短的那块木板,那就必须把每一块木板都要仔细查看一下,找到最短的那块木板。对于担保项目而言,最短的那块木板可能是老板不和的家庭,可能是老板的赌瘾,可能是股东之间的纠纷,可能是隐性负债,可能是同行的竞争,可能是成本的上涨,可能是环保政策……注重风险识别的全面性,就不能走入'以一板之长来得出木桶不差'的误区,我们经常会犯这样的错误。底层逻辑的差异,导致决策信息要求的不同,也会导致我们尽职调查工作的方向不同。这是由我们的商业模式决定的,我们要时刻绷着一根弦——知道我们在做什么事情!针对这一点,大家有没有疑问?"

"你继续!"李亮看着我,示意我继续说。

"预计不会代偿可以概括所有人对可担保项目的决策,只是说这可能是一句废话,对工作没有指导意义。当我们知道这句废话有独特的底层逻辑后,不妨再沿着这句话继续往下思考,看能否找到有价值的东西,大家的思维跟着我。"我想了几秒,开始发问,"预计不会代偿,那我们在什么时候代偿?"

"企业不能偿还到期债务。"

"什么情况下企业不能偿还到期债务?"

"资不抵债或者资金出现流动性问题。"

"回答得太书面,有没有朴实一点的?"

"朴实点就是没钱,无法筹集还款资金。"

"筹集还款资金有哪些途径?"

"自有资金,其他银行借款。"

"还有,向亲戚朋友借款,小贷借款,向民间高息资金借周转资金。"

在中小企业信贷业务中,上述还款资金来源都是比较普遍的。

因为成长中的中小企业取得借款后,将信贷资金投入经营中,形成增加的存货、应收账款、固定资产……就很难在一年到期的还款时点把这些资产变现,归还贷款。从还款资金的来源看:如果企业日常资金余额都足以偿还贷款,那么这个企业是非常优秀的,但是其资金的使用可能缺乏效率;如果企业在贷款到期前的1~2个月,通过延迟支付来筹集还款资金,如延迟支付供应商的货款或者延付工人的工资等来凑齐还款资金,那么这个企业是良好的;如果企业将贷款分散在两个授信年度,拆分成多笔发放,分笔到期,并用其中一笔来周转贷款,那么这个企业是聪明的,如最高额授信1 000万元,提用4笔200万元,分散在全年,在每笔到期前,提用剩余的200万元额度来倒贷,让企业贷款余额只在瞬时达到1 000万元,但是长期维持在800万元;实际控制人向合作伙伴、亲朋好友借钱周转贷款,也是很正常的;企业向小额贷款公司借钱周转贷款,也是可取的;如果企业向民间高息资金借钱周转,那么可能是企业确实没有其他办法了。

表7 还款资金来源

类别	编号	还款资金来源
自有资金	1	日常自有现金存款结余
	2	自有现金存款和1~2个月的延迟支付
外部资金	3	提用未提用银行授信,以贷还贷
	4	向合作商、亲朋好友临时借款
	5	向小额贷款公司临时借款
	6	向民间高息资金借款

因为每种还款资金来源对应不同的实现条件和成本,所以表7中从第一项到第六项的排序不是并列的,是按排序存在优先级的。一般说来,如果企业最终使用某种方式来筹集还款资金,那么基本上可以反映出一个事实:对该企业而言,排序在该方式之前的还款资金来源途径很难实现(这也间接反映了企业信贷风险的高低)。能用自有资金还款,就不会使用外部资金,但在企业盈余资金不足且无法通过经营的延迟支付来凑足还款资金时,外部资金作为还款资金来源便成为需要。表中第三项到第六项的外部资金来源,其资金成本逐渐增高,获得条件越来越苛刻。如果民间高息

资金都不愿意为企业提供周转贷款，那么基本上这个贷款就要出问题了。

"请问，在什么情况下，连民间高息资金都不愿意提供周转贷款了？"

"企业连周转的成本都无力支付。"

"还有吗？"

"企业续授信未能获得批复。虽然说周转贷款的拆借已经成为很多小贷公司和民间资金借贷的一个主要业务，但是，这种业务有个前提条件，一般要求企业在银行的续授信已通过审批并拿到批复。这些人都是围着银行做业务，如果银行续授信的批复没有下来，他们是不敢借资金给企业周转的。"

"什么情况下，银行或担保公司宁愿企业违约逾期，也不批复续贷？"

"两种情况：第一，企业已经终止付息；第二，续贷的方案让银行或者担保公司风险增加或者损失扩大，比如，企业抵押资产被其他债权人查封，无法办理续授信的抵押登记，续授信可能会减少抵押资产，从而扩大损失。"

"我是不是可以这样认为，一般说来，银行和担保公司都不愿意企业贷款出现逾期，只要企业按时付息，且在续授信方案不扩大银行和担保公司风险，不增加银行和担保公司损失的情况下，就算企业出现经营困难，银行和担保公司都愿意给企业以时间换空间的机会？"

"是的！给企业机会也是给自己机会。"

"晓老师，按照这个逻辑，岂不是只要付得起利息的公司我们都可以提供担保？"

"傻孩子。"李亮望着刘源。

"不要偷换概念哦！我们说的是在保项目是否代偿的问题，是存量风险项目的续保决策问题，不是新项目的决策问题。重复一次：一般说来，银行和担保公司都不愿意企业贷款出现逾期，只要企业按时付息，且在续授信方案不扩大银行和担保公司风险，不增加银行和担保公司损失的情况下，就算企业出现经营困难，银行和担保公司都愿意给企业以时间换空间的机会。"

"哦,存量风险项目是否代偿的决策。"刘源自言自语。

"企业连周转的成本都无力支付、企业已经终止付息、续贷的方案让银行或者担保公司风险增加或者损失扩大,这些是不是代偿项目在代偿时点的普遍表现呢?"

"企业连周转的成本都无力支付往往也伴随着企业已经终止付息。"

"可不可以认为,企业终止付息,是出现代偿的显现标志?"

……

大家持续热烈地讨论着,我听着他们的讨论陷入了沉思。

企业终止付息,担保公司会选择代偿,一方面是因为终止付息后的逾期利息、罚息等会随着时间的推移而扩大担保公司的损失。另一方面,也是最重要的,因为担保公司的产品是担保能力,包括代偿能力和不代偿能力,为维护自己产品的品质,企业终止付息后,担保公司选择及时代偿是代偿能力的体现。

企业终止付息,其背后的内涵不仅仅是企业缺失流动性,更深刻的本质往往是实际控制人的逆向选择。而实际控制人的逆向选择源于对未来的不期待,这种不期待的前提,一般是实际控制人已经资不抵债,无力回天了。从公司历年代偿的项目看,都逃不脱这16个字,这也是项目代偿前出现的一般规律:

资不抵债,未来无期;逆向选择,终止付息。

17 资不抵债
单个项目决策逻辑 3

"资不抵债,未来无期;逆向选择,终止付息。总结得好!"潘林拍案叫绝。

"谢谢潘林夸奖,我自己都觉得总结得好!"我并没有谦虚。

"不要拍马屁。"刘源打断务虚的吹捧。

"我对公司历年代偿的项目进行了分析,绝大部分项目在代偿时都是资不抵债,几乎没有真正因为流动性问题导致我们公司代偿的案例,因为流动性问题导致企业还款的压力基本上可以通过小贷等其他资金周转方式解决,这和晓老师刚才说的存量风险项目是否代偿的决策是相一致的。"潘林喝了一口咖啡,接着说,"资不抵债,咳咳,说到资不抵债,那就不吝啬地给大家分享一个我的不等式。"

"什么不等式?"

尽调时净资产+担保借款+担保期间净赚钱<担保借款

潘林刚在会议室的白板上写下不等式,就听见李亮大声说道:"两边都减掉担保借款,就是尽调时净资产小于担保期间净赚钱,你总是把简单的东西弄得很复杂,非要弄个不等式。再简单点,一句话,不就是贷款期间把自己原来的净资产都亏完了吗?"

"一年把自己原来的净资产都亏完了?"刘源吃惊地问。

"一年把自己原来的净资产都亏完了?"张航重复了疑问。

"一年把自己原来的净资产都亏完了,这是亏得多厉害啊!"黄景说。

"我可没说担保期是一年，另外，除了亏得厉害，还有一种可能。"潘林故意停顿下来。

"啥？"

"自己原本就没有什么净资产！"

潘林的话包含三个重点："原本就没有什么净资产""亏得厉害""我可没说一年"。从他说话的语气中能感受到那份充分思考后的自信。不过，在他阐述这三个重点之前，我也好奇为什么不等式的两边不同时减掉担保借款。

"两边都留着担保借款，是基于什么考虑？"

"哈哈哈哈，留着担保借款才能体现这个不等式和担保借款相关，否则，'尽调时净资产＋担保期间净赚钱＜0'在说什么呢？一个亏得厉害的企业？另外，尽调时净资产和担保借款放在一起，是因为在新项目决策时，担保借款额度和尽调时净资产数量息息相关。"潘林大笑道。

"在新项目决策时，担保借款额度和尽调时净资产数量息息相关，这完全正确。如果说得书面一点，这讲的就是资产负债率的事情。如同那个向我借钱的朋友一样，因为早餐店扩店，需要资金 25 万，如果他自有存款 5 万，向我借 20 万，我是借还是不借？"我望着大家。

"什么朋友？"

"有其他资产吗？比如房子！"

"之前餐厅一年赚多少钱？全职开餐厅？"

"打住！打住！打住！普通朋友，他没有车、没有房、没有其他资产、全职开餐厅，所以，没有其他收入来源，也没有其他负债……反正其他什么都没有。我的意思是大家撇开其他影响决策的所有因素，就单纯地思考净资产和担保贷款数量的关系。"

"哦！"

"单纯考虑数量，自己有 5 万元，向你借 20 万元，哈哈哈哈，晓老师，你傻了吗？"

"如果他自己有 20 万元，借 5 万元，我觉得可以考虑。"

"自己有 15 万元，借 10 万元呢？"

"感觉借得有点多了。"

"自己有 17 万元，借 8 万元？"

"差不多！"

"其他人的意见呢？"

……

"在新项目决策时，你是如何考虑净资产和担保贷款数量的关系呢？"我望着潘林，想听听他的看法。

"我觉得如果资金不是用于固定资产投资的中长期项目，是单纯的流动资金贷款，将净资产和借款的比例控制在 2∶1 左右是比较合适的。当然，这里考量的主体是实际控制人，净资产是实际控制人的净资产，包括实际控制人控制的企业经营的净资产、实际控制人自有的其他资产和负债，如自用房产等。我们虽然是给中小企业融资做担保，但是因为中小企业的不独立性，在决策时，我们基本上都是以实际控制人作为决策对象。当然，这个 2∶1，是很单纯的比例，没考虑项目的特殊性。"

"2∶1，是一个比较稳健的比例！"张航表示肯定。

"公司很多项目应该比这个比例低一些。"李亮说完看了看潘林。

"因为潘林同志是个偏谨慎的人，哈哈哈哈。"刘源笑道。

"这个比例不是精确特定的，但是，大家心里一定要有一个比例，这是最朴实的逻辑之一。因为担保公司干的是信用发现的事情，抵押物不足或者没有抵押物是我们业务的常态，所以我们要发现信用。那么，信用来自哪里？信用的高低如何判定？这绝大部分取决于实际控制人既有的净资产。我们承担 100% 的责任，收 2% 的担保费，这种生存逻辑决定了我们盯的就是风险，至于企业未来有多赚钱、有多好的项目等，适合风险收益更匹配的创业投资和私募股权投资，与担保业务关系就不大了。"我补充道，"这个比例，我个人也偏向于 2∶1。因为，净资产 = 资产 − 负债，我们往往会高估资产，却又看不全负债。"

18 净资产问题

单个项目决策逻辑 4

"晓老师说的'往往会高估资产,却又看不全负债',这个我感触深刻,就如同潘林刚才说的'原本就没有什么净资产'。这个世界尔虞我诈,世态炎凉,唉!唉!唉!"李亮连声叹气。

"不要叹气,"我瞟了一眼李亮,"不就是'老夫少妻'嘛!"

"啥?老夫少妻?"刘源满脸坏笑。

"拜托,思维在这个时候能不能不这么发散。你想象力丰富,很有画面感,我觉得你应该搞艺术。"听我这样说,刘源的表情一下严肃起来,不过,紧接着就扑哧一笑。我拿他没办法,转头看着李亮,"要不这样,你给大家说一说你的那个记忆深处的项目,大家一边听,一边思考,如果觉得有问题,随时提出来讨论!"

"现在说吗?"

"现在说!"

"好!"李亮正了正身子,"那是一个秋天,我还是一个涉世未深的少年……"

"正常点!"

"好吧,不加戏了,'老夫少妻'项目。那是 2014 年 10 月 14 日,星期二。我跟着王经理(2016 年已离职)做一个续保项目,这家企业的主营业务是涤纶短纤的生产和销售。我们公司从 2009 年就开始为其提供担保,额度逐年增加,2014 年时担保额已达 1 800 万元。路上,王经理开车,我在副驾上看上一年度的《尽职调查评审报告》，报告中描述：企业老厂原来是租赁别人的厂房，2013年因拆迁获得赔偿300余万元，2012年新厂拿地开建，2013年12月已全部搬迁到新厂。新厂固定资产累计投入8 890万元，包括90亩土地价款及税费合计1 020万元，基建2 800万元，设备5 104万元（有发票部分）……我计算过，加上营运资金，扣除我们公司担保贷款和另一担保公司担保的2 000万元中长期项目贷后，企业的净资产接近6 000万元。"

"一个有实力的老板！"黄景说。

"一个小时的车程后，在企业5层办公楼前，我第一次见到了从奔驰S400上下来的企业实际控制人——匡夫妇，匡夫妇企业持股100%。匡某61岁，其妻30岁出头，二人育有两子，一子5岁、一子3岁……"

"停一下，"潘林打断，"这种老夫少妻的搭配给我的感觉非常不好。"

"偏见加嫉妒！"李亮接着说。

"哈哈哈哈……"刘源笑得最突出。

"和匡某的交流中，我了解到，匡某为了新厂的投建，几乎这三年吃住都在厂里，初期平整场地时就住板房，厂房修建起来后就住厂房，办公楼最后修建起来，现在住办公楼，匡某带我们看了他住的地方——'办公楼里打地铺'，真的是把全部精力都投在了企业。匡某不仅把全部精力投在企业，全部身家也投在企业，几乎没有其他资产。仅有的一次购房记录是5年前购置的89平方米住宅，并登记在其爱人、小孩的名下。……"

"奋斗的企业家！"黄景说着。

"不见得。"潘林不同意黄景的看法，"匡某个人有经营贷款没？"

"没有！"李亮回答。

"我觉得有问题，有点违背逻辑。"潘林脸上写满了质疑。

"什么逻辑？"

"作为人的逻辑。"

"啊？"

"如果一个通过多年经营，积累财富到6 000万元的人，在财富的积累过程中，不可能只购买一套价格不到 100 万元的普通房产，这不符合逻辑。不说企业的净资产 6 000 万元，你看我们担保的其他企业，实际控制人挣了一点钱，就开始购置豪宅，有的就算是按揭也要购买房产，等钱挣得更多了，提前结按；需要资金时，结按的房产抵押做经营贷款，都是这样一种操作。做企业的人，追逐财富不就是为了自己和家人更好的生活吗？好的居住条件一定是更好生活的一部分，匡某的行为，让我不解！或者这样说，一个财富 6 000 万元的人，就算是自己再讨厌房产，至少也应该有一两套不错的居住场所吧？更何况，还有两个年幼的小孩呢？马上上小学，学区房……"潘林说完，满脸的不可思议。

"晓老师，我接着说？"李亮问我。

"你继续。"

"追溯匡某的个人经历，2003 年以前，在政府职能部门工作。2003 年下海经商，失败，亏掉了自己全部积蓄（这是匡某的原话）。2006 年帮别人的企业管理生产。2008 年，与他人租地创办 WW 化工。2013 年，化工厂拆迁获得 300 余万元的赔偿……"

"那 6 000 万元净资产是怎么形成的呢？彩票中奖？"潘林问。

"没中奖，没中奖，听我继续说。我也质疑净资产形成的合理性，匡某及其爱人给我们的解释是工厂拆迁前的某一年，化工原料价格大幅上涨，他们刚好囤了一批货，挣了不少的钱……"

"和中奖差不多。"张航说。

"还是有问题。有没有核实那一年原材料价格的涨幅是多少呢？大宗商品网上很好查的，就算是翻倍，从 3 000 万元翻到 6 000 万元？那他也得有 3 000 万元买货，钱从哪里来？"潘林觉得仍有问题。

"晓老师，我还是继续说？"李亮又看着我问。

"你继续。"

"在当年的尽职调查时，我重复做了上一年王经理做过的所有工作：获取了土地购地协议，支付土地款的凭证，收集了所有设备发票的原件，并查看了企业通过网银向设备供应商转账的所有记录，好像一切都没有问题。从'净资产=资产-负债'的角度看，净资产不合理要么是资产价值高估，要么是负债低估，我核实资产形成的合同、发票、转账记录，就是要判断其资产价值是否高估。但是，负债是否低估，我只能通过净资产沉淀的合理性来判断，在信赖上一年项目经理的前提下，'化工原料价格大幅上涨，刚好囤了一批货'成为解释净资产形成合理性的理由……"

"好！先停一下，"我打断李亮后看着大家，"有哪些问题？"

"我先说吧，隐性负债的问题。"潘林盯着他的笔记本，刚才李亮说的时候他就断断续续地写着什么，"99%的可能有隐性负债，而且持续时间不短、大概率利息违约。逻辑很简单，就像我刚才说的一样，匡某的行为违背常识，我并不是说每个中小企业老板非要买多少房产，但是，至少不应该少到和我一个普通工薪阶层一样吧？我都还在追求改善性住房呀！"

"隐性负债和不买房子有什么关系？"刘源问。

"只有匡某背负着较高的隐性负债，才是不买房的合理解释。其一，月息2~3分的高额贷款没有结清，就去购置房产，肯定不理性；其二，债主的人也会迫使他不敢去买房。高息资金贷款一般是短期拆借行为，比如，用于周转贷款，或者临时性1~3个月的资金使用。如果长期使用，月息2~3分，哪个行业、哪个企业承受得起？如果真是长期使用，放贷人会非常清楚，他的本金基本上就收不回了。当然，除非放贷人控制了你较优质的资产，期待你违约，可匡某企业的土地分别抵押给另一个担保公司和我们后，并没有其他可抵押的资产。我敢断定，匡某外面的高息资金贷款原本是短期拆借行为，但是迟迟未能归还，甚至有可能利息都没有按约定支付，在这种情况下，匡某怎敢去买房呢？唉……"潘林说完长长地叹了一口气。

"但是他买了一辆奔驰S400。"黄景插话，他听得很仔细。

"呵呵，有没有看过电影《天下无贼》，里面有这样一句话，'开好车就是好人吗？'我稍微调整一下，开好车就表明没有借高利贷吗？你再仔细想一下，3年绝大部分时间住厂里，不买改善型住房，却买豪车，为啥？谈生意撑面子呗！另外还可以在供应商那里多获得一点信用，获得长一点的账期。以前一个做皮鞋生意的老板给我说，开'捷达'去供应商那里，别人最多给你赊1万元的货，开揽胜去，没有一个供应商赊货是低于5万元的。"潘林说完，看着李亮，问，"是不是这样的？"

"听完你说的，我得叫你一声'潘哥'。"李亮一边说，一边看着我，"晓老师，你之前没有给他说过这个项目吧？"

"没有。"我笑着摇摇头。

"确实是这样。这个项目代偿后，开债权人会议时，我见到了民间债权人阎大爷，'阎王'的'阎'，他说，匡某拿地的时候向他借款700万元，说是等产权证办下来，抵押给银行贷款出来就还给他，可是后面迟迟没还，不但没还本金，最后连利息都没按时支付……阎大爷的话半真半假，不过可以确定，拿地的时候匡某是缺钱的。"李亮的话肯定了潘林的判断。

"如果拿地的时候，土地款1 000余万元中有部分是借了民间高息资金，那5 000多万元的设备，你觉得又是怎么回事？"我微笑着看着潘林。

"李亮没有说有5 000万元的设备啊！我只听李亮说'收集了所有设备发票的原件，并查看了企业通过网银向设备供应商转账的所有记录'，这能证实设备价值就是5 000多万元？特别是这种向多个厂家采购并组装起来的化纤设备，没有专业的机构评估，也没有向供应商询价，甚至可能都没有在网上查一下各部分设备的价格，怎么通过发票和转账记录就确信了设备的价值呢？"潘林停顿一下，盯着他的笔记本，接着说，"而且，我严重怀疑他们是不是虚开了增值税发票！"

"虚开增值税专用发票？后续都通过认证并抵扣了进项税的哦！"李亮说道。

"哎呀，你这样一说，我瞬间清爽了。"

"为啥？"

"那我更敢肯定高开了设备的增值税发票。逻辑很简单，他有高开发票的压力，但是，并没有高开发票的成本。"

"说来听听！"

"他们拿地的协议上有每亩地的投资要求吧？5 000多万元的设备，地上建设款接近3 000万元，一共8 000多万元，90亩土地……我算一下，等我一下，等一下……"潘林在笔记本上简单地计算着，"嗯……是不是购地的条件包括每亩投资不低于90万元？"

"牛！"李亮竖起大拇指。

"他拿地的价格是每亩10万元多一点，在那个时点相对便宜，那么，政府在招商引资的时候一定对每亩投建有要求。这个每亩投建怎么算的呢？看发票！政府部门核查的时候和李亮一样，只是加一下发票价格，看一下对外转款记录。我个人觉得，每亩投建的要求就是高开发票的压力。"

"高开发票不是要承担更多的增值税成本吗？"张航问。

"No！李亮刚才说后续都抵扣了，匡某从事的这个行业很特殊，供应商是收废旧塑料瓶的个人或者个体经营户，没有可抵扣的进项税，而部分企业客户为寻求可抵扣的进项税，又要求继续开具增值税发票，那么高价格设备的进项税不就完美解决了？设备价值被高估，而且，从拆迁赔偿的300万元瞬间到新厂6 000万元的净资产，我看不到老板资产积累的过程。"

"潘哥，真牛！在后面企业重组评估中，专业的评估机构对设备的评估价值是900万元，企业同行看了设备后，也说新设备价值离1 000万元还差一截。确实，设备价值高估了。另外，实际控制人欠供应商600多万元的货款没入账。"从李亮的言语中，我看出他对潘林的佩服。

这个案例中，我们在决策时误以为：6 000万元的净资产，3 800万元的贷款，净资产：贷款等于6 000万元：3 800万元，约等于3：2。实际上，净资产为6 000万元−（5 100万元−900万元）−700万元−600万元＝500万元，有息借款为3 800万元＋700万元＋600万元＝5 100万元，净资产：贷款等于500万元：5 100万元，约等于1：10……

头疼。

19 期间赚钱问题

单个项目决策逻辑 5

"亮哥,这个匡老板是怎么想的呢？60 岁左右再创业,如果我是他,拿到 300 万元拆迁款,外加自己的储蓄,不是能好好地过安逸日子。还折腾啥呢？"很明显,张航除了不解,还带着些许怜惜。

"航弟,如果你老来得子,还是两个,你没有压力吗？"刘源迅速回应。

如果不是嗜赌成性,每个人赌上身家的拼命,都来自生活的压力。

"说一下企业经营情况吧。"我让李亮把项目说完。

"企业原料成品投入产出比基本上可以达到 1∶1,原材料、产成品的价格随着石油价格波动,价格传导迅速。除直接材料和折旧成本外,每吨耗费蒸汽 200 元左右,电费 180 元左右,直接人工成本 160 元左右,辅料及增白剂 100 元左右,滤网及设备维修等其他费用 160 元左右,合计约 800 元/吨。"李亮说着,给大家画了一个表。

表 8 企业利润情况

单位：元/吨

年度	材料价格	产成品价格	直接利差	其他成本	不考虑财务成本的利润
2014	5 500 ~ 6 500	7 200（开票加 600）	1 200	800	400
2015	4 500 ~ 5 500	6 200（开票加 600）	1 200	800	400

"因为折旧不需要付现,应收账款和应付账款持平,在不考虑财务成本的前提下,每吨产品能给企业带来净现金流 400 元……"李亮继续说道。

"5 100万元有息负债，其中，我们担保贷款和银行直接抵押成本低一些，700万元高额利息贷加600万元供应商的欠款，成本非常高，就算平均成本率为10%，一年的利息需要支付510万元，每吨400元，一年需要生产……"潘林拿着手机计算着："需要生产销售12 750吨，扣除设备检修天数，节假日等，每天40吨的产销量，才能维持他的现金流平衡。企业设计产能多少？产能利用率如何？"

"设计产能60吨/天，投产第一年基本上可以达到40吨/天。"李亮回答。

"那基本上可以维持现金流的平衡。"

"如果没有这么高的财务成本，这还是一个不错的生意，这也是之后企业出了问题有人愿意重组的原因！"

"我很好奇，是什么事情打破了这种现金流的平衡呢？"

"其实这种平衡是很不稳定的。产品市场稍微萎缩，或者出现一笔金额不太大的坏账，或者民间资金还本的要求，或者供应商信用政策的变动……任何一点不利变动，整个平衡就会被打破，企业现金流绷得太紧了，没有一点弹性。2015年年底，从担保的其他企业那里我们获知，供应商开走了匡某的奔驰车。在那一瞬间，我知道出问题了，便急忙赶到企业，发现没有生产人员，大门也锁着，姗姗来迟的匡某说是因为停气而暂停生产。但是，当我走进生产车间一看，留给我们的只有冰冷的钢筋混凝土和设备。

"2016年1月，匡某无法支付利息，借款违约，我们公司代偿。代偿后的多次沟通会，都只有匡某一人参加，匡夫人从没出面。匡某老泪纵横，告诉我压倒他的最后那根稻草是一笔无法从一个外省客户那里收回的246万元货款。每年挣的钱都支付利息了，他不想每年都给这些债主打工，所以，在高价格、高利润的诱惑下，给了那个客户账期，结果，等年终收款的时候，已经找不到人。246万元的货款收不回来，部分供应商的货款也无法支付，消息在供应商之间传开，他们不但停止赊销原材料，还一哄而上，拉走了货，开走了车……"李亮结束了对案例的介绍。

"各位，结合这个项目的情况，说说自己的看法。"我对大家说。

"还是我先来说，"潘林推了推眼镜，"我有3点总结：第一，对于我们做贷款担保的而言，企业维持盈利状态的能力比盈利能力更重要，盈利或亏损后，实际控制人的选择可能完全不同，这是人性决定的；第二，中小民营企业的特殊性，导致资金的筹集和资金的散去都有特殊性，而盈利是凝结资金的核心；第三，企业的隐性负债是贷款担保的毒瘤。"

"展开说！"我饶有兴致。

"如果在抛开所有的资金诉求，如银行利息、担保费、民间负债利息等，实际控制人每年还能落一定现钱到自己腰包里，那么，实际控制人更喜欢落袋为安，在经营策略上，更偏向谨慎，表现出对风险的厌恶。相反，如果实际控制人辛苦一年不但落不到现钱，还把自己的老本都亏一些进去，不及时收手，那么心理会发生改变，可能就像赌徒一样，在每次输了之后，都想着再玩一局就能翻盘，在后续经营策略上，就会不停地追逐风险，如同匡某一样，寻求更高利润的客户，相应，背后伴随着更高的风险。让我选择，或者说信贷资金的选择，肯定选择追求落袋为安的经营者，避开那些追逐风险的赌徒，这是我们的商业模式决定的。而落袋为安和赌徒心理，是在盈利和亏损两种情况下，不同的人表现出来的共性。所以说，对担保公司而言，企业维持盈利状态的能力比盈利多少更重要，这是其一。"

"哎哟，不错哦！"刘源模仿着周杰伦。

"继续！"

"其二，中小企业的不独立性，以及现在信贷市场融资的苛刻限制条件，使得实际控制人创业资金的筹集有着特殊的路径，不同于那些初始投资上亿的大项目。中小企业实际控制人初始创业的资金一般来源于家庭的积累，父母、兄弟的积累，亲戚、同学、朋友的积累，这些资金可能是无息或者低息的，但是，这些资金也是有限的，如果这些资金筹集不足，就可能寻求民间高息资金。若企业持续经营并获利，在有一定经营数据后，银行的资金才会进入企业，用银行资金替换高息的民间资金是通常的选择……

"所有资金的凝结，都以相信实际控制人能赚钱为前提，盈利是凝结的核心。当企业经营出现问题，持续亏损，如果经营者不能及时止损，在赌徒心态下，穷尽所有的融资方式，直到资不抵债，对未来不期待时，凝结的资金又会散去。散去一般按照这个顺序：实际控制人后续生活的钱（续命的钱）——民间高息贷款的钱（要命的钱）——亲戚朋友的钱（要脸面的钱）——金融机构的钱（法定的钱）。当实际控制人未来无期，逆向选择，企业的应收账款、存货等，都会瞬间消失，我们和银行这些合规金融机构的后知后觉和有限的手段，只能抓住抵押了的土地和房产……这就是中小企业的资金特殊性：以盈利而聚，以亏损而去。"

"其三呢？"我接着问。

"企业的隐性负债是贷款担保的毒瘤，或者说是信贷的毒瘤，最讨厌也最让我头疼。我归纳了它的三个特性：普遍存在、难以发现、破坏力强。普遍存在源于中小企业资金的特殊性；难以发现是因为隐性负债确实不像资产那样看得见、摸得着，负债的完整性一直是尽职调查的一个难题，李亮的这个项目也反映了这一点；破坏力强是因为它直接影响我们决策的两个因素，即尽调时净资产和期间净赚钱。影响尽调时净资产不言而喻，而影响期间净赚钱表现在两个方面：一是不在账面反映的较高利息支出；二是隐性负债增加的资产，让你觉得盈利的企业，可能实际却亏损得厉害……"

"我完全赞同潘林的观点……"

"学习了，学习了……"

"哇哦，潘哥厉害……"

大家纷纷对潘林表达赞叹。

20 被煮的青蛙
单个项目决策逻辑 6

就在大家对潘林"大加吹捧"时,我看了看手机,已过下班时间,我合上笔记本,对大家说:"今天就先到这里?明天周六,大家周末愉……"

"晓老师!等一下,等一下!"黄景急忙打断我。

"嗯?还有问题?"

"我觉得有点问题,或者说我还有一些不解!"黄景说。

"晓老师,我也有问题!"张航举手说道。

"我,我,我也有问题!"刘源掺和着说。

"啊?"我迟疑地看着他们,"你们都不早点回去过周末?"

"我晚上没啥事,可以回去晚点。"潘林说道。

"我也没啥事,我发个消息给我老婆说一声就可以。"李亮说完嘿嘿嘿地笑。

"那——"

"把问题说完嘛。"大家异口同声。

"好吧!需要点外卖不?"

"不用,喝了咖啡,肚子撑着呢,我去上个卫生间!"

"等我一下,我也去卫生间……"

几分钟后,大家都回到了会议室。

"来吧,继续,一个一个问题来解决!"

"亮哥说的这个'老夫少妻'项目,让我困惑的点在于,我们从2009年初始授信到2015年风险暴发,7年时间,为什么我们都没有发现异常?特别是2012年、2013年企业净资产的异常变动。"黄景说完,望着李亮。

"潘林,来,你继续发言,说说你的看法!"我指定潘林发言。

"我还继续说吗?我觉得从下午到现在我一直都在说!"

"你说了李亮再补充,看能否解开黄景的疑惑。"

"好吧!黄景的这个问题,我觉得就是之前我说'不等式'时,大家都疑问的'一年把自己原来的净资产都亏完了'这个问题,我回答大家的是'我可没说一年'。温水煮青蛙的故事,大家都听过。如果水温瞬间从常温升到摄氏100度,那青蛙有可能还会条件反射地跳出来,如果慢慢升温,青蛙可能就感觉不到温度变化带来的危险。我们就是那只被煮的青蛙,如果我没猜错的话,匡某借高利贷购置土地前,水温就开始慢慢增加了,到2015年年底水都烧开了,我们才知道危险,我们至少被煮了三年!"

"我补充!"李亮举起了手。

"别激动,等潘林说完!"我按下李亮的手。

"看他那么激动,让他说,让他说!"潘林似乎说累了,把话语权交给李亮。

"咳咳!"李亮清了清嗓子,"'温水煮我们'的这个事情,我之前也有思考过,而且,我还特意找过公司审计稽核部的同事要了一份代偿项目的数据,我先分享给大家。公司历年代偿的项目中,从项目个数上看,第一年(轮)担保期间就代偿的项目只有一个,占比不到2%,就是说当年做当年赔的项目,有,极少;第二年(轮)担保期间发生代偿的项目,就是第一年(轮)没出问题,第二年(轮)续保后却出了问题的项目,占比9%。这两部分合计占全部代偿项目的11%。这11%的项目要么是承接其他担保公司担保贷款,要么是承接小贷贷款,要么是承接银行直接信用贷款,要么是担保借款实际归还了民间贷款。也就是说这些项目有一个共性，我们担保贷款并没有给企业带来增量资金。这部分项目代偿的情况，我们可以简单地理解为：我们担保之前，那里就有个沸腾着的水坑，我们没有发现，直接跳了进去。

"第三年（轮）担保期间发生代偿的比例我记不清楚了，第三年（轮）及以上发生代偿的项目占全部代偿项目的89%，集中在4～6年（轮），4～6年（轮）的代偿项目合计占比71%，而合作期限最长的代偿项目，公司连续担保了11年。如果用潘林说的'温水煮青蛙'来描述，那么在这些项目中的绝大部分项目上，我们真的成了那只被煮的青蛙。

"'老夫少妻'这个项目，为什么我们没有发现异常？或者说容忍了异常。这个项目代偿后没多久，王经理提出了离职申请。在她离开公司前，我和她多次沟通，结合她说的，也反思参与这个项目代偿前那两年、代偿后重组的点点滴滴，我总结'被煮'的教训，最核心的还是我们在决策的逻辑上出了问题，导致我们的尽职调查工作出现了偏差。

"这个项目，王经理和我都走入了'以一板之长来得出木桶不差'的误区，忽略了今天下午所说的预计不会代偿'盯着的是风险，评价的是底线'这个逻辑。我们最终将担保额度增加到1 800万元，基于两个'长板'：第一，项目赚钱的能力。如下午我所说，原材料到成品的价格有快速传导能力，只要正常备货不囤货，存货价格的波动就不会影响企业赚钱。无论价格是上涨还是下跌，不考虑财务成本，每吨能给企业带来净现金400元。设计产能60吨/天，如果利用率达到80%，每年可收回现金700万元，700万元可以支撑借息成本为8%的资金8 700万元，企业的银行借款3 800万元，就算有一定的隐性负债，应该也是可以支撑的。第二，抵押物价值。90亩土地，其中抵押给我们公司40亩，虽然购置单价为10万元/亩，但那是2012年的价格。到2014年，特别是在'企业入园'政策的要求下，园区土地价格大幅上涨，该园区同类土地价格在20万元/亩以上。另外，抵押给我们公司的土地上，修建了五层办公楼共4 000平方米，三车间厂房共12 000平方米，修建支出已全部付清，房随地走，按照修建成本计算，至少值 1 000 万元。抵押物价值超过 1 800 万元。

"有没有发现，在描述两个'长板'时，我们的思维描述的是'好'，并用这两个'长板'来掩盖了产能利用率不足的风险、市场萎缩带来的风险、行情下行的坏账风险、隐性负债的高息吞噬企业流动资金的风险、抵押资产的处置风险……我们在项目决策的逻辑上出了问题。我们习惯性地盯着抵押物价值，想当然地以为赚的钱可以覆盖财务成本，我们不知道水温在慢慢升高，导致代偿的其他因素的变化我们都忽略了，直到，风险暴发。"李亮敲了敲桌子，桌子沉闷地吭了一声。

"青蛙被煮，是因为青蛙没意识到水温的变化！"黄景若有所悟地感慨道。

"这是续保项目决策通常会犯的错。我们续保项目上会，项目经理说得最多的就是'业务没什么变化''这个企业我们也合作多少年了''这个项目比较熟悉了，我说一下今年的变化'。这些言语的背后，我觉得有两套思维。一是正确的思维：每一次授信都进行全面、充分的尽职调查，得出各方面确实没有什么太大变化的结论，没有太大变化接近客观事实，相应，如果有变化，那是能及时发现的；二是错误的思维：惯性工作，以去年的尽职调查报告为基础，在原来的报告上，延续后续发展的'合理性'，完成对自我的说服，如果以前年度错了，就会一直错下去，直到风险暴发，才恍然大悟——原来自己的判断都是自圆其说。"

21 疯狂年代、疯狂想法

单个项目决策逻辑 7

"而且，我们还犯了一个错误：我们觉得，如果没有挣到钱，或者隐性负债很高，企业应该不会花那么多钱把根本用不完的 5 层办公楼，空置的第二、第三车间修建好。4 000 平方米的办公楼、12 000 平方米的厂房，支付的修建款超过 1 500 万元，让我误以为企业持续盈利。"李亮说完，若有所思。

"对，我的问题就在这里：按照老板实际生产经营状态，第一车间就足够满足生产需求，为什么要拿 90 亩地修建那么多厂房和办公楼？这也和存在隐性负债的一般逻辑相悖。"张航说出了他的问题。

回头看这个项目，因为我们知道了隐性负债的存在，所以，这个不符合逻辑的事实成了张航当前的疑惑。而在 2013 年、2014 年项目决策的时候，这个事实却成了打消李亮对净资产质疑的理由，也就是说，正是这一点让他认为以"化工原料价格大幅上涨，刚好囤了一批货"来解释企业净资产变动也是说得过去的。

"这个问题还是李亮来说吧！"我望向李亮。

"唉！必须上了年纪的人才说得出来，因为要从那个疯狂的年代说起……"

"装！又装！"李亮刚一开口，就被刘源打断。

"这还真和那个年代相关。"我示意刘源不要打断，然后对着李亮说，

"你也不用这么矫情，继续！"

"2010年前后，在A市开展业务的中小企业融资担保公司不少于30家，国有和民营比约为2∶1。这些担保公司中，担保余额超过100亿元的除了我们，还有另外一家国有担保公司，担保余额在50亿元左右的担保公司不少于10家，更小的担保公司就更多了。除了担保公司，小额贷款公司也有几十家，民间投资公司遍地都是……大部分民营担保公司的业务分为两部分，一是为中小企业融资提供担保，二是名义上为中小企业融资提供担保，实为担保公司自融，或担保公司股东自融。甚至有传言，很多民营担保公司给企业担保的部分项目，融资是企业用一半，担保公司自己用一半……

"资金端异常活跃，与资产端的低迷显得有些格格不入。很多资金都在空转，从银行年息6%的成本出来，投到月息1.5分的民间理财，最后流到月息2分、3分的高息贷款……一切虚假繁荣的背后，堆积着注定破灭的泡沫。

"匡某在这样的环境里，怀揣着一个梦想……"

"什么梦想？"

"一个需要3 000万元资金完成的梦想：投资一条近1 000万元的生产线，拿一块土地修建置放生产线的厂房（大约需要1 000万元），还有1 000万元的流动资金。扣除老厂既有的设备等非现金资产，自己手上仅有的300万元拆迁款，如何撬动3 000万元的梦想呢？据匡某说，2011年左右，有高人给他指点：存在这样一个'银行+担保'的融资公式，银行贷款＝1.5×抵押物价值，而这个公式成立的条件有二，一是持续经营、持续获利且有一定销售规模的融资企业，二是需要有抵押物。匡某的老厂满足条件一，不满足条件二。那计算一下，要满足条件二，匡某需要多少抵押物？"

"1 800万元就可以。"刘源抢答道，"1 800万元抵押物的1.5倍，是2 700万元,加上自己的300万元,就是3 000万元!"

"仔细想!"

"嗯?不对,不对,我再想一下,1 000万元的生产线不是这个公式里的抵押物?"

"嗯,不是!"

"设抵押物价值为X,则1.5X－(1 000＋1 000－300)＝X,X＝3 400万元。我检验一下:抵押物3 400万元,1.5倍就可以贷款5 100万元,其中3 400万元形成抵押物,1 000万元形成生产线,700万元加自有的300万元刚好形成1 000万元的流动资金。"潘林不仅计算出,还验算了一下。

3 400万元的抵押物,需要1 000多万元的土地和2 000多万元的办公楼和厂房,这就是为什么要买90亩地,为什么修建4 000多平方米根本就用不上的5层办公楼,为什么修建近12 000平方米且一直都没出租的车间……匡某肯定盘算着,等所有房产证办理下来,融资增加到5 000多万元,就将手上的高息贷款全部置换……

只是他没撑到房产证办下来。

一切,从疯狂中开始,也在疯狂中结束!

2014年、2015年、2016年,A市的各担保公司风险陆续暴发,民营担保公司几乎全军覆灭,国有担保公司中,除我们还骄傲地站着外,其他都是遍体鳞伤,整个担保行业,遍地狼烟,一地鸡毛。

"晓老师,那时候有这么疯狂吗?"张航吃惊地问。

"有!"

"真的?"

"真的!陷入疯狂中,都不觉得疯狂存在,比如,你觉得现在疯了吗?"

"啊?"

"哈哈哈哈,吓你一跳,疯没疯,5年后我们回头看!"

……

我本想在这个时候让大家讨论一下经济周期与信贷决策，不过想了想还是算了，这也是百度能查询到的东西，另外，时间确实太晚了。我有一个可能不恰当的观点：对从事中小企业融资担保的非政府性融资担保公司而言，活着，并能持续地开展业务，是对社会各方的最大负责！我们和银行不同，银行可以亏着做小微业务，因为这块业务在银行的整个业务中占比微乎其微，银行还有其他盈利来源，就算在小微信贷上出现大风险，也不会伤筋动骨。也就是说，银行在小微信贷的政策上，可以是逆周期的调控。逆周期，一定不是顺势而行，而我们，为了活着，最好是顺周期，逆调控！

所以，要保持清醒，不要疯狂……

22 锦上添花

单个项目决策逻辑 8

"刘源，你的问题呢？说完我们就结束！"

"我们最开始要讨论什么呢？"

"啊？这是你的问题？哈哈哈哈，聊到现在，我们忘记初衷了。"

"单个项目决策逻辑。"

"晓老师说了存量风险项目的决策逻辑，也说了续保项目的决策……"

"还差新项目！"

"如果我们在实际控制人和企业的其他方面都没有发现导致代偿的风险事项，那么，我们在单个项目的决策时，是不是就是要尽可能地避免'潘林不等式'发生？"我指着白板上潘林之前列的不等式，"就叫它'潘林不等式'吧，那，怎样避免呢？"

"尽调时净资产足够多，期间净赚钱足够多。"

"有没有不同意见？"

"尽调时净资产足够多，期间净赚钱为正的能力足够强。"

"那不是就是'有钱人+能稳定赚钱的人'吗？"

"那不就是银行人说的'锦上添花'吗？"

"你们都有自己的逻辑！下班！回家！"

3°
悟尽调之道

23 与之前的那个梦相关

尽职调查

周六在家，收拾书桌。

看见可容忍风险图，那晚上的梦又在脑中浮现。

如果梦是真的，每次都是黑色面朝上，那个50面体一定有问题。

"梦里我少做了两件事情，"我喃喃自语，"第一，没有检查每一面朝上的概率是否一样，如果每次都是黑色那面朝上，那一定是个骗局；第二，没有逐一核实另外49面是否都是白色。"

中小企业融资担保的尽职调查工作，也要做类似的两件事。

第一，确认它不是一个骗局。

什么是骗局？就是李亮昨天说的，我们代偿的那11%的部分，"我们担保之前，那里就有个沸腾着的水坑，我们没有发现，直接跳了进去"。对接新项目时，首先要做的就是判断是不是存在骗取担保的可能性，通俗地说，就是要判断是否有坑。如果有坑未能识别，提供担保就是让别人从坑里出来，自己跳进坑里。所谓的"坑"，就是"黑色面永远朝上"。例如，确定不还的骗贷是坑，担保贷款用于解决民间高息贷款的是坑，为既有银行贷款填坑的是坑……

第二，检查各面均不存在瑕疵。

尽调、核实、判断实际控制人这个多面体，是不是除抵押物不足这面黑色以外，其他面都是白色。

表9　50面体和中小企业融资担保

项目	50面体	中小企业融资担保
行为	（1）检查是不是50面，且每一面朝上的概率是一样的 （2）核实另外49面是不是都是白色	（1）是不是坑 （2）尽调、核实除抵押物不足以外，实际控制人及企业各方面都不存在瑕疵

24 相亲

尽职调查的方向

周日，原计划在家好好休息一整天。

11点不到，丁一凡发来一条微信语音："今天有空没？等会儿陪我去相亲，下午一起钓鱼，我把吴争也叫上了。"

"钓鱼可以，你相亲我不参加。"我懒洋洋地回答。

"走，走，走！陪丁一凡相亲完了我们直接去钓鱼，开一辆车，我们已经在路上了，10分钟后到你小区东门，快点出来！"与丁一凡的微信对话框中传来吴争的声音。

看来，今天我是被安排了！

丁一凡、吴争和我，8年前就职于XYZH会计师事务所，丁一凡毕业就到了XYZH工作，虽然我和吴争在XYZH待了多年，但我们与丁一凡的工作交集却只有一年，在丁一凡来后的第二年，我就离开了XYZH，而在我走后的第二年，吴争就去了券商从事投行工作。8年一晃，丁一凡还在XYZH，吴争从券商出来做私募股权投资（PE），因为同爱钓鱼，我们的生活还有很多交集。

10分钟后，刚出小区东门，就看见打着双闪、靠路边停着的汽车。

"啥情况？"我上车就问。

"今天主要是钓鱼，出发前先相个亲。"丁一凡打着左转灯，边看观后镜边说，"21岁开始干审计，快30岁了还在相亲啊！马上又要上项目忙年报的预审了,等我忙完,差不多就是明年5月了,抓紧相个亲,钓下鱼,要不然就要等30岁后才能做这些事情了。"

"你这样一说,我才意识到和你认识都9年了,你奔三,我奔四,你还年轻,我都老了……"吴争调侃道。

"拜托,你们只比我大7岁好不好?"

"大7岁不就是奔四了吗?"我补充道。

"奔四可不代表老了。"

"一会你俩等我20分钟。"丁一凡说。

"20分钟?"我问道,"快中午了,你们不一起吃饭?"

"对方提出来的,见一面,简单聊一下,有眼缘再了解,不一起吃饭。"

"啊?还可以这样?"我有点惊讶,"不多了解一下,万一错过了怎么办?"

"错过了万一,还有一万嘛。"吴争继续调侃,"你准备好没?"

"准备?准备什么?"

"准备怎么回答人家的问题!"

"还需要准备吗?"

"不需要准备吗?"

"她问什么我就回答什么,不需准备吧?"

"啊?那你觉得她会问你啥?"

"肯定不会问她和我妈同时掉进水里先救谁这样的问题。"丁一凡笑着说,"多高、多重、身体如何、长相怎样这些信息见面就能看出来,所以不会问。我觉得她肯定想知道的无外乎就是毕业于什么学校,从事什么工作,当前收入水平,有没有车有没有房有没有存款这些方面的信息,我就直接告诉她吧,我如此真实,是怎样就怎样,毫无隐瞒,毫无欺骗!"

"就这些?"

"就这些!"

"你直接告诉她?"

"嗯!"

"钢铁直男！你说的这些信息对方肯定想了解，但是，如果我是她，能不能把自己托付给你，那一定得看跟着你能不能过好日子，这是最朴实的想法。能不能过好日子，那必然要了解你未来的打算，未来人生规划，所以，你应该告诉她你未来的职业方向，以及你未来的职业发展，比如说很多注册会计师（CPA）后续都去拟上市的公司当财务总监，或者继续在事务所做到合伙人……"吴争说得很认真，"彐生，你说呢？"

"我不完全赞同你的看法，一凡说的这些，对方肯定想了解，而你说的'能不能过好日子'不应该是对方首先想了解的内容。如果我是她，我可能最关心的是能不能好好过日子，这个才是最朴实的想法。简单点说，第一个要打消的疑虑是：为啥快30岁了，还通过相亲的方式找对象，如果真的如此优秀，身边就没有合适的？会不会这个人有什么问题，比如感情不专一，或者有其他坏习惯……我觉得这个说清楚了，才是后续交往下去的基础，要不然总会觉得埋着雷一样。"

"相个亲有这么复杂吗？"丁一凡说，"我就真实展现自己，不隐瞒重要信息不就行了。"

"唉，你就一根筋，明显你这是审计的职业病。"

"啥职业病？"

"审计职业病！还'真实''重要'，咋不说自己是'公允'的呢？"

"我说你这是投资职业病，未来、未来、未来就是吹牛皮！"

"你不要和我争，你相亲，我们给你出主意！"

"我没和你争，你在和我争，你还叫吴争，无争，你名字和你本人严重不符。"

……

"我发现了一点小问题，"我打断他们的争论，"我们的职业，影响了我们看问题的角度。虽然我们都站在相亲女士的角度思考，但是，我们思考问题的方式完全没有逃离自己的职业。一凡从事审计鉴证业务，目的是确认信息是否真实，内心深处的价值观偏向于不隐瞒重要信息；吴争是做投资的,当然看的就是未来的成长性,侧重于过好日子的能力;而我搞担保的,不求未来能荣华富贵,只求能平平安安,不出风险地好好过日子。我们受职业的影响,锚定了我们行为的目的,从而决定了了解信息的方向。"

表10 担保、PE 和 CPA 的相亲

相亲主体	我（担保）	吴争（PE）	丁一凡（CPA）
目的	能好好过日子	能过好日子	真实的样子
方向	影响好好过日子的风险	过好日子的能力	有没有隐瞒重要信息

了解相亲对象的信息,可以说是尽职调查工作之一。

而我们经常说尽职调查,包括 CPA 的、律师的、投资的、信贷的,也包括业务的、财务的、法务的……目的不同,方向不同,方法也不完全相同。朝哪个方向,用什么方法,取决于调查的目的是什么,在调查之前,就应该搞清楚自己的目的。目的由什么决定呢?取决于调查主体的商业模式,在业务模式和盈利模式里蕴含着调查主体的价值来源、生存逻辑和生存风险。

表11 担保、PE 和 CPA

调查主体	担保	PE	CPA
价值来源	风险价值	时间价值+风险价值	服务价值、鉴证价值
生存逻辑	1/50	10/1	专业劳动有偿性
生存风险	代偿风险	投资失败风险	审计风险
尽调目的	识别被低估的信用	识别被低估的价值	遵守准则,完成鉴证业务
尽调方向	排除风险	发现市场和企业优点	尽职免责

担保的尽职调查方向就是要排除风险。预计不会代偿的要求就是"盯着的是风险,评价的是底线",我的思绪又陷入了昨天李亮说的"老夫少妻"项目,千万不能走入"以一板之长来得出木桶不差"的误区。

"等一会儿见面,到底要怎么聊?"

"真实是基础,好好过日子是前提,共同奋斗过上更好的日子!"我笑着说。

25 钓鱼
尽职调查的态度

下午 2 点,我们到达红雁池水库。

我喜欢安静地坐在水边,半天或一天,有鱼或没鱼。

钓鱼需要这样的心态,钓鱼也需要了解鱼的习性、气压的影响、水肥水瘦等知识,钓鱼还需掌握调漂方法、刺鱼手法、溜鱼技巧等。

态度靠悟,知识靠学,能力靠习

态度教不会、学不来,所以,本部分内容很少。

但是,拿钓鱼来说,心态远远重要于知识和技巧。

同样,在担保的尽职调查工作中,尽调态度远远重要于尽调知识和能力。

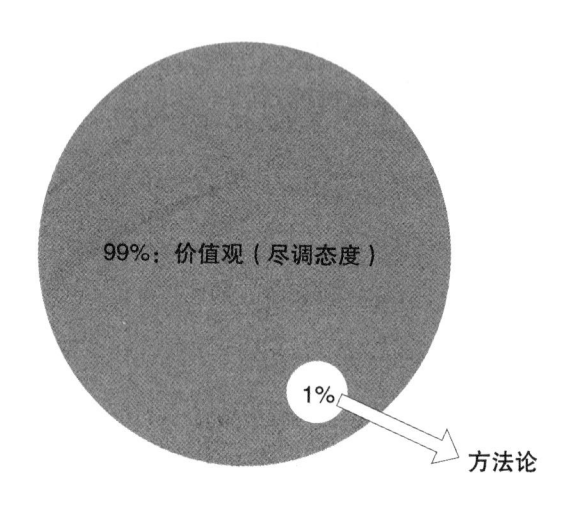

图 9 重要的 99%

26 借钱的朋友
尽职调查的对象和范围

周末时间总是过得很快。

周一上班，部门例会刚结束，人力资源部同事带着见面会上那个戴眼镜的小男生来到我们部门，"晓老师，这位是新同事，王伟，安排到你们部门。"

"欢迎！欢迎！"我微笑着，"见面会上我们已经打过招呼了。"

"晓老师好！"王伟向大家介绍自己，"各位前辈好！我叫王伟，今年 7 月毕业于 X 财经大学会计学专业，7 月至 9 月在 Z 银行实习……"一阵寒暄，发现公司有好几个校友，还有几个老乡。

"刘源，老规矩，你懂的？"大家看着刘源。

"懂，懂，懂！"刘源回答。

"尽调的对象和范围，这个可以吗？"刘源征求大家的同意。

"我没问题。"

"我觉得可以。"

"我也没意见。"

所谓的"老规矩"，就是在新同事到部门的第一天，原来部门里司龄最短的同事要在 20 分钟内用一个故事，并且要有互动或者参与的方式给新同事讲清楚我们工作中的一个知识点，而这个知识点必须是对新员工非常有用的，且不是在书本上有标准答案的东西。讲什么知识点须经除讲述者和新同事外,部门其他同事过半数同意。讲完后,新同事按照自己的理解再讲述给大家听,大家评价新同事是否掌握了这个知识点,如果没达到预期,讲述者就要请大家吃饭;如果达到预期,部门负责人就要请部门全体同事吃饭。无论谁请,部门全体同事都会一起吃这顿饭,这也是部门欢迎新同事的仪式。

刘源给王伟说明白"老规矩"的含义,就让王伟拖了一把椅子挨着他坐下。

正准备开始,隔壁部门的两个新同事望着刘源:"我们也可以加入吗?"

"可以,可以!"刘源回答得如此爽快,看来他胸有成竹。

"让晓老师请客!让晓老师请客!"部门其他同事为刘源打气。

"我尽力,我尽力,"刘源很谦虚地回应大家,"最近有个朋友的餐饮公司找我借钱,我不知道该不该借,你们帮我分析一下……"

"喂,是我朋友好不好?"我笑着打断刘源。

"不要影响我,否则,我输了不请客哦。"刘源严肃地说。

"餐饮公司是一家早餐店,老板突然问我借钱,想扩大早餐店面积,把隔壁商铺盘下来,到底借或者不借,如果你是我,你需要了解哪些信息呢?我寻求大家的帮助,你们把你们认为需要问的问题都给我说,我暂不回答,先记录下你们问题的内容,问完后,我们再逐一分析。"

"这个地方卖早餐好不好卖?"王伟率先提问,"我的意思是它是在写字楼下的还是小区外面,还是其他地方?位置很重要,决定消费群体。"

"好的,我记下,继续。"刘源一边写着一边说。

"卖的什么早餐?是传统的包子、稀饭,还是面条或者糕点?现在糕点生意好!"

"好的,我记下。"

"周围有几家早餐店?这家店有什么优势?记下了吗?"

"记下了。"

"店开了多少年了？投了多少钱？一年挣多少钱？"

"盘下新店一共要多少钱？你朋友自己有多少钱？借多少钱？"

"你朋友多大年龄？以前做什么的？人怎么样？"

"我朋友的餐饮公司借钱，确定要问与我朋友本人相关的问题？"刘源坏笑着。

"肯定啊！"

"好吧，我记下！"

"什么时候还钱？"

"餐饮店一年可以挣多少钱？落到手上有多少钱？"

"之前有没有借过钱？"

三个人你一言，我一语，不到 10 分钟，刘源写了大半张 A4 纸。

"还有吗？"

"差不多了！我想不到其他的了！"

"我也觉得差不多就刚才问的这些！"

"我整理一下，"刘源拿出一张新的 A4 纸，抄写，整理。

"我整理了 10 条内容，把部分问题糅合了一下，大家看一下，是不是刚才提出来的那些问题？"刘源一边说，一边把整理好的 A4 纸递给王伟，"大家也再想一下，还有没有需要补充的问题。另外，纸上面的 10 条问题，有没有不重要，可以删除的问题？"

表 12　需要问的问题

问题编号	问题内容
1	老板多大年龄？以前做什么？人怎么样？
2	老板赌博吗？吸毒吗？
3	这个地方早餐好不好卖？卖的什么？针对哪些人？
4	周围有几家竞争店铺？这家有什么优势？
5	店开了多少年？投了多少钱？经营得怎么样？
6	每年到手利润有多少钱？
7	老板结婚没有？有几套房？有没有其他产业或其他资产？
8	有没有其他借款？有没有民间借贷？
9	盘新店一共要多少钱？老板自己有多少钱？借多少钱？
10	新开的店预计什么时候盈利？什么时候回本？什么时候还钱？

三个人一起看了一小会儿。

"基本上就是这些。"王伟说道,并看向另外两位新同事,"是吧?"

"每个问题都不能少,都很重要,每个问题都影响决策。"另一位新同事说。

"很棒,这么多问题!我要不要借钱给他,需要了解这么多信息,接下来,我们还有一个事情要做,就是用更上层的概念来描述这些问题要获取的信息,这个需要我们逐一完成。"刘源看着大家,"'老板多大年龄?'这个问题想获得什么信息?"

"年龄,嗯……就是健康状况。"王伟回答。

"我们觉得年龄很重要,如果他90岁,估计是不太愿意借钱给他的。"

"健康状况属于人的自然属性,'老板多大年龄'的上层概念就是健康状况,自然人属性是健康状况的再上层概念。"刘源接着说,"我们就按照这个逻辑来分析,'以前做什么?人怎么样?'这两个问题想获得什么信息?"

"了解他的经验和性格,是激进还是稳健!"

"好,这也是自然人属性。那'赌博吗?吸毒吗?'是想获得什么信息?"

"是否有不良嗜好。"

"非常棒!这也属于自然人属性。'早餐好不好卖?卖的什么?针对哪些人?'这个是哪方面?"

"产品和客户,企业层面的。"

"周围有几家竞争店铺?这家有什么优势?"

"竞争对手,行业相关的信息。"

"店开了多少年?投了多少钱?经营得怎么样?"

"财务状况、经营成果,企业层面的。"

"每年到手利润有多少钱?"

"现金流,企业层面的。"

......

四个人，三言两语，很快就完成了对每一个问题的分析。三五分钟后，刘源整理出一张表格，并给每个人复印了一份。

表13　尽调对象和范围

尽调对象	尽调范围				问题编号
实际控制人	自然人属性	健康状况			1
		人品	性格	激进　赌性	2
				稳健	
			知识		1
			能力		1
			不良嗜好		1和2
	财力	经营主体	产业		3
			行业		4
			业务		3
			财务	财务状况	5
				经营成果	5
				现金流量	6
		其他资产	房子		7
			股票		7
			其他		7
		个人负债			8
	资金需求	借款用途			9
		资金预算			9
		筹集路径			9
		项目风险			10

"如果我的朋友是开酒店的，或者开的是一家商贸公司，借钱之前，我们尽职调查的内容是否仍然是这些？"

"是！"

"中型生产企业呢？"

"还是！"

"各位，这张表是我们共同的成果，是你们来业务部门第一天总结出来的东西，我只是帮着大家整理、分类。在以后的工作中，希望大家不要忘记：无论是一家小小的餐饮公司，还是一家大一点的商贸公司，甚至是一家中大型的生产企业，我们做贷款担保，都要了解这些信息。我们尽职调查的对象是实际控制人，尽职调查的内容是这张表中所有的内容。"

大家都为刘源鼓掌，在讲尽调对象和范围这个知识点上，我觉得这是我听过的最好的讲述方法。

接下来，王伟的复述毫无瑕疵。看来这顿饭，该我买单了。

不过我很欣慰。

"明天谁有空和我去看一个项目，这是企业报表，一个曲轴生产企业，先在网上搜一下。"大家确定好吃饭的地点和时间后，我便询问起大家明天的工作安排，"这是 Z 银行 H 支行中小企业部冉主任推荐的项目，这家企业，在我老家 C 县城，从 A 市出发，3 个小时的车程。"

"我有时间。"潘林回答。

"明早 8 点，在 ×× 地铁口汇合，我开车，准时！"我转头对王伟说，"你也一起，跟着潘林看一下资料。潘林，你带一下他。"

"好的。"他俩不约而同地比了个"OK"手势。

27 我的第一个项目
尽职调查的基本功

周二早上的 7 点 50 分，远远地看着两个家伙在地铁口马路边等着。

"上车！"我摇下车窗，喊道。

"师父，慢点，我给你开门。"王伟想赶在潘林之前开车门。

潘林疾步卡位："自己开自己的！"

"都喊师父了啊！哈哈！"王伟刚上车，我就开始调侃他。不过，这一声"师父"，让我的思绪回到了 8 年前，那是我跟我的师父看的第一个项目。

那家企业离 B 县城中心不到 10 公里。B 县城本来不大，这仅有的 10 公里距离，却让人觉得企业位置有点偏。三层钢混建筑的办公楼，灰色瓷砖，蓝色玻璃窗上映着蓝天白云，与旁边的生产车间比，办公楼显得有点小。生产车间是砖混结构，转角的地方，灰色的水泥墙中还裸露出一些红砖。

办公楼前的水泥坝上，我们六七个人正朝办公楼的大门走去。身穿深蓝色西装的中年男人是这家企业的老板，姓杜，他走在人群侧，一边走一边微微弓着腰向我们介绍着企业的一些基本情况。走在前面的是 B 银行的网点行长、主任和信贷经理，我和师父、师哥走在后面。

"我们厂生产卤制豆腐干，快 10 年了，以前是在自己家的自留地上搭建厂房，后来规模上来了，厂房不够用，前年就在这个园区拿了地，修了新厂……"杜老板向我们介绍着。

说话间，到了二楼会议室。

朱红色的会议桌两边摆放着整齐的座椅，会议桌的每个位置上都放着青花瓷的茶杯，会议室的角落里，立着一块白板。行长和师父坐在中间，师哥挨着师父，我坐在师哥的左手边，行长的右手边坐着银行主任和信贷经理，杜老板正对着行长坐着，杜老板旁边，多了两位老者和一位倒茶的姑娘。

"给大家介绍一下，这位是我们的财务部刘经理，这位是负责生产的李厂长。"杜老板指着旁边的两位老者介绍道。刘经理、李厂长拿着名片走了过来，行长和师父站了起来，我也跟着站了起来，"刘经理好！李厂长好！"交换名片后，我回到座位上。

"我们企业去年全年产值1.6亿元，和前年比较，增长了20%，今年1月已经完成2 000万元的产值，马上快春节了，是我们的生产旺季……"杜老板继续介绍着他的企业。我从窗户望出去，企业占地真大，办公楼到围墙之间，还有一块小足球场大的空地。

"这次主要是希望你们承接G银行的贷款2 000万元，之前G银行做的应收账款保理融资。"刘经理补充道。

"啥叫保理？"我用胳膊碰了碰师哥，小声问道。

师哥瞥了我一眼，盯着我面前的A4纸，咬牙说道："第一次看项目就忘带笔记本！"

我只能张嘴一笑，不但忘带笔记本，这两张A4纸还是在公司的车上找的，背面还印着办公室的通知。

"你们准备往资本市场考虑吗？"银行主任问。

"有很多券商找过我，我还是想再踏实经营两年，去年利润还不到1 500万元，离上市还有一定距离……"杜老板回答。

……

"我们去生产车间参观一下吧？" 20分钟的交流后，师父提议去生产现场。

"好啊，"杜老板说，"李厂长，你来好好介绍一下。"

大家起身，我也急忙收起我的两张A4纸，随大家下楼。

来到车间，偌大的几口锅一字排列着，这是我见过的最大的锅，是用来煮豆子的，旁边一组机器是磨豆子的。卤制车间、包装车间……我老老实实地跟随着人群，听着介绍，师哥却暴露出他不合群的性格，总是掉队，东看看、西摸摸。

30分钟后，从车间出来，我们回到了二楼会议室。

师父、行长与杜老板交谈着。

我、师哥、银行的其他人跟着刘经理去看账。

查账是我的看家本领，毕竟5年的会计师事务所工作经历让我见过多种造假方式，这是我参加的第一个项目，一定要在师父和师哥面前好好表现一下。财务室并不大，除了刘经理，还有一位中年女士，应该是出纳。我拿着报表，示意师哥让我看账，师哥却笑着对我说："我来，10分钟搞定！"

"这么快？"刘经理和银行的人都吃惊地望着师哥。

"哎呀，我们比较'水'，没有那么多硬性要求！"

真是丢人丢大了，哪有自己说自己"水"的，我心里暗暗地想，再说了，我可不"水"。可毕竟他是师哥，我还是等待他的安排吧。"我们分工，你去把报税数据核实一下，10分钟之内完成。"师哥对我说道。

不到10分钟，师哥真的就看完了账。

不到11点，我们结束了所有工作。

杜老板留我们吃完中午饭再走，师父说离吃饭还早，早点回去下个早班。

银行的人还没处理完工作，估计需要到午饭后才能回去。

杜老板握着师父的手，不停地说"拜托了，拜托了"。

一回头，师哥已经启动了我们的老捷达。

"如何？"师父转过头问道，"第一个项目，谈谈你的看法。"

"老板衣着正式、整洁，谈吐不夸张；奔驰GLS350，除了排量小一点，其他都还好；办公室布置得非常正式；另外……"说话间，我掏出那两张A4纸，"嗯，厂房占地40亩，办公楼和一期厂房修建完成，短期内不需要投入；年销售1.6个亿，虽然净利润不到10%，但是一年也有上千万元；金融机构负债只有2 000万元，B银行不增加贷款额度，实质是抢G银行的业务……不过，因为我没有看账，所以，我不能确定经营数据的真实性。"

"总体评价呢？"师父问。

"我这个小白感觉这个企业还不错。"我回答，并以为师父会表扬我。

"就没有什么异常？"师父好像希望我说点其他什么。

"异常？嗯……"我努力地搜寻着短短2个小时内的所有见闻，"师父，是不是倒茶的那个妹妹漂亮得有点异常？"

"说正事！"师父有点严厉，师哥却笑了起来。

"让你带着他，让你带着他，你带个屁！你就管你自己，一点都不教他……"师父冲着师哥一阵吼，"那你现在负责给他说清楚，我眯一会儿。"

"一顿烧烤？"师哥回头瞥了我一眼，邪邪地一笑。

"行！行！行！不就是一顿烧烤嘛！"

"带上我哈！"师父插了一嘴。

"睡你的觉！"师哥大声说道。

"咳咳……"师哥提高嗓门显摆地咳了两声，不过接着又严肃起来。

"如果没猜错，你的两张A4纸沾了点水吧？"

"这个都被你看见了？"我惊讶地回答。

"会议室的桌子上有的地方还是湿的，说明刚打扫完，应该是专门为接待我们而收拾的。你的左后方有块白板，企业开会用过，上面写着春节期间1～3月的销售任务，我用手机拍下来了，在去车间的路上，仔细看了一下，第一季度的销售任务合计是500万元。如果任务是500万元，那么实际销售额不一定能达到500万元，毕竟任务就是目标，按此计算，考虑春节期间是这个行业的销售旺季，全年销售额应该不超过2 000万元。"师哥吸了吸鼻子。

"不是一年1.6亿元吗？"我有点不太相信师哥说的。

"继续。"师父闭着眼说。

"所有的产品必须经过卤制这个环节，你在车间跟着大部队，被厂长牵着走的时候，我和两位卤制工作人员聊了两句：三口卤锅，两大一小，大的一锅200斤，小的一锅100斤，一个小时卤一锅，一天工作10小时，一斤的价格是7.5元，全年产值差不多也就1 400万元，还不扣除休息时间。"师哥继续说道。

"继续。"师父又冒出两个字。

"企业基本全人工生产，无自动化包装设备，包装工人60余人，人均月工资1 000元，按照那个叫你帅哥的大妈说的'包装费0.4元／斤'计算产量，再乘以单价7.5元／斤，算下来年产值也就1 300万元左右。"师哥补充道。

"1 000元一个月？"我有点吃惊，"这么低？"

"大妈说她们都是周边村子上的，平时把农活做了，家里也照顾了，一个月还有1 000元零花钱，很不错了。哪像你，是人家的好几倍还不满足。"师哥说完哼了一声。

"继续，"我学着师父的语气，"没了吧？"

"因为企业直接销售给全国各地的门店和电商平台上的顾客，销售的产品基本上通过快递公司发货，去财务室看账的时候，我看了看销售费用中的运费，去年结算的运费合计75万元，除以平均每件（100包/件，60g/包）运费5元，乘以平均每件重量（100/包×60g/包÷500g/斤），再乘以7.5元/斤，也就是1 400万元左右。"师哥接着说，"如果没猜错的话，你看的纳税申报表应该是他们打印好给你的，没有从税控系统里看吧？"

"对的，他们拿税控盘的同事去税务局办事了。"我回答道。

"拿税控盘的同事去税务局办事了？哈哈哈哈，笑死我了！财务室就两个座位，还有第三个，拿税控盘的人？晓彐生，我要叫你小学生了。做了5年的审计，你觉得一家产值为1.6亿元的生产企业仅有两名财务人员，是不是很异常？"师哥一边摇头一边感叹，"唉！没有老实人啊……"

"我明白你为啥10分钟就把账看完了。因为看账之前，你已经大致了解了这家企业的生产规模，也得出了他们的产值远远低于老板说的1.6亿元，这种情况下，我们也不可能去承接G银行既有的2 000万元贷款，因此看账只是为了从运费的角度验证你的判断。对吧，师哥？"

"是的，我们的工作是排除风险，既然已经发现风险的存在，就没有必要继续下去了！"

"晓彐生，今天师哥教你了基本功：常识、算术和逻辑。"师父说。

"哦……"我陷入沉思。

回到公司，我在笔记本的首页写下：

基本功：知常识、会算术、会逻辑！

并在下面标注：尽职调查的工作大部分是在报表之外。从此，知常识、会算术、会逻辑就印在我的大脑里。

"晓老师，晓老师，你在想什么呢？前面上高速哇？"

"啊？哦，嗯！"我又回过神来。

28 老家的房子
产业链、行业分析 1

和曲轴生产企业沟通完,已是下午 3 点。

想回去看看老家的房子,多年没回去了。

潘林和王伟陪我去,前提条件是,我请他们吃一顿老家的特色大餐——加两份肉的大碗羊肉米线。如我预期,路上潘林一直和王伟讨论着今天的项目,并多次重复:"……这是常识。什么是聪明人?聪明人就是会算术、会逻辑。常识、算术、逻辑……"就像当年师哥教我一样。

老家的房子在离县城 10 公里左右的乡村里,从与县公路相接的乡村公路进去,只有 5 公里左右的车程。一车宽的乡村公路,是我上大二的时候修好的,而父母在我高考后便搬离了这里,这条路并没有承载我多少的记忆。我在县城上高中住校的那 3 年,每个星期来来回回走的是那条发白的田坎路,雨天更是满路的泥泞。现在,已全然不见了。

"一路上每个转弯,晓老师都在按喇叭,结果一辆车都没有。"

"哈哈哈哈,按了个寂寞。"潘林调侃道。

"这是规定动作,规定动作必须做,不能放纵风险事项的发生!"

我心里想着,这和尽职调查一样,与实际控制人交流、查看账户余额、查看抵押物……这些规定动作一定要做到位,不要想当然地觉得对面无车。不过,确实,一路上没有车,只有偶尔遇见背着背篓的老乡。

"可以哦，晓老师，家家独栋！"潘林继续调侃着。

"这是新农村建设修建的房子。"

"怎么好多都是关着门的，感觉没有什么人住。"

"和很多农村一样，长期居住的是留守老人和儿童，毕竟，出去打工两个月，就可以挣到在农村面朝黄土背朝天一年的收入，谁还愿意待在这里呢？很多人外出打工攒了钱，就回来在县城里买商品房，然后让孩子到县城读书，接受更好的教育。其实大家观念很简单：都是为了孩子能'跳出农门'。我们这里的教育资源太差，说出来你们可能不信，我上小学的时候，我们整个大队只有两个班。知道什么是大队不？哈哈哈哈……"我看出他们对"大队"这个词的疑惑不解，我也不想解释，接着说，"不是每个年级两个班，是一至六年级只有两个班。什么概念呢？就是一年级一个班，四年级一个班。如果今年不上一年级，那就要等 3 年后才能上学了。我 5 岁上的一年级，我们班上有比我大 5 岁的同学，我们班上有 80 多个人，不过，最后考上中专和大学的，只有两个人。

"再给你们说一个事情，我初中毕业的时候，我小学同学有结婚的了……还有个事，你们看这些水田里，我小的时候，有鱼，野生的鲫鱼，还有泥鳅、鳝鱼。渐渐的，鲫鱼没有了，泥鳅也越来越少，最后泥鳅也没有了，剩下鳝鱼，再到后面，鳝鱼也没有了，来了小龙虾，小龙虾越来越多，越来越多……"

小时候的回忆总是满满的，说也说不完。

回来看一眼，好像心里舒服一点，也没别的。

吃完加两份肉的大碗羊肉米线已是傍晚 6 点，天黑下来，回 A 市。

"晓老师，你们老家把大家集中在一起修房子，房子修得挺好的，但是修好的房子没有什么人住。如果我说没起好大作用，有可能是主观臆断，或者说，我只是想描述这种现象。"刚上高速，王伟对我说。

"这叫城镇化，把分散的村民集中起来建镇、建城。"潘林替我回答。

"晓老师老家以种水稻为主，现在村民这样集中居住，稻田不在自己的房子附近会不会不方便？"王伟继续问，"收割的季节每家都要晒谷子，他们在哪里晒呢？"

听着王伟的提问，我暗想他的思维能力不错。

"我觉得老家的每个人都向往城市的生活，肯定没有问题。因为城里有更好的教育、医疗保障和更便捷的生活方式……但是，把房子集中修建到一起，并不就是城镇化。"我回答道。

"虽然集中修房，但大家的'主营业务'没有改变。"潘林笑着补充。

"哈哈哈哈，'主营业务'没有改变。"

"这个'主营业务'叫产业，我们老家没有矿，也没有工业资源，收入来源于水稻种植，而且还是以户为单位种植水稻的小农经济。产业没有城镇化，人口就不可能城镇化，集中建房算不上城镇化。城镇化，必须产业先行！"

"晓老师，我们担保业务的地理范围主要是A市及周边，那么，可以不可以这样认为，A市的产业优劣，直接关系着我们业务的好坏？"

"我觉得可以这样认为！"

"那我们岂不是要做产业分析？"

"肯定要做！"

"那一般怎么分析呢？"

"潘师傅……"我停顿片刻，"说说你怎么分析的！"

"我说吗？"

"反正有3个小时的车程，就当吹牛！你先说！"

短暂沉默后，潘林开始了他的阐述："当银行给我介绍一家企业时，我首要了解的是企业的产品以及上下游，再了解一下企业的基本经营情况和资金需求，这些一般可以在电话中完成。如果没有发现什么硬伤，那就和企业约进一步沟通的时间。在和实际控制人见面之前，除非我非常熟悉这家企业所在的行业，否则，我都会先在网上查询一下资料，了解企业所在的产业链、行业状况。一般查询与企业产品、行业相同的最近上市（拟上市）的公司的《招股说明书》（预披露），《招股说明书》是非常不错的免费资料。"

"《招股说明书》一般都有几百页哦。"

"又不是让你全看，我主要看业务与技术那部分。当然，我还喜欢看一下实际控制人和高管的履历，纯属个人兴趣爱好。"

"看了之后要达到什么目的呢？"

"我觉得至少要解决三个问题：第一个就是企业所在产业链是什么样的？第二个就是企业在产业链中处于什么环节？第三个就是这个产业链的发展趋势是什么？"

"潘师傅最专业三个问题，还是一个一个来。"我提议。

29 简单的产业链图
产业链、行业分析 2

"如果地球上一直没有人类，你觉得地球会是什么样子？"潘林问道。

"这和我们说的内容相关吗？"王伟有点好奇。

"你跟着他的节奏走！"我提醒王伟。

"好吧。地球上没有人类，那就没有高速公路，没有汽车，我们现在的这个地方，可能是一片树林，树下长满了茂密的草，各种动物在草丛里，或休憩，或穿行；地球上没有人类，也就没有远处的高楼大厦，没有灯光，那里可能是一片沼泽，有野鸭、野鸟；地球上没有人类，也就没有我，就没有了忧伤……"

"打住！打住！"

"哈哈哈哈……"我忍不住笑了起来。

"地球上没有人类，那人类创造的所有东西都没有了。"

"高速公路、汽车、高楼大厦、电、灯……以及你说的'人类创造的所有东西'是用什么创造出来的？"

"勤劳的双手！"

"哈哈哈哈，笑死我了。"我没忍住又笑了。

"不是吗？勤劳的双手和智慧……"王伟一本正经地问。

"潘兄，没上道啊！"我打趣道。

"这样子，这样子，"潘林有点急了，"这样子，举个例子，我们面前的高速公路是用什么材料创造的？"

"哦，你问的什么材料，是建造，不是创造。混凝土。"

"混凝土是用什么材料生产出来的？"

"主要是水泥、碎石、砂、水。"

"水泥是用什么生产的？"

"石灰石和土？"

"碎石呢？"

"大石头。"

"砂呢？"

"河砂？"

"只要我们一直往前追溯，就会发现建造高速公路的最终原材料是石灰石、黏土、大石头、水，这些全是自然资源，对吧？"

"对啊，没问题！"

"来一个复杂一点的。"潘林一步步引导。

"比如说？"

"比如我们现在坐的汽车，如果一直往原材料方向追溯，最终能追溯到什么？你试一下！"

"汽车确实比较复杂，我试试。首先，我们把汽车拆分成各个配套商的不同部分：车身、挡风玻璃、塑料件、发动机、线束、隔音棉……然后，再一部分一部分往前追溯：车身，有钢板、铝材，配套商往上到钢厂、铝厂，再往上，可以追溯到铁矿石、铝矿石，铁矿石和铝矿石是自然资源；挡风玻璃，石英矿土，还是自然资源；塑料件追溯到石油，是自然资源；发动机，如果是铸铁的，最后仍然是铁矿石……应该都还是能追溯到自然资源。"

"所有的人类生产往前追溯都能追溯到自然资源，你相信吗？"

"我想想……"王伟沉默片刻，"人本身算自然资源吗？"

"算！"

"那我相信！所有的人类生产都是对自然资源的利用。"

"另一个问题，所有的人类生产，最终都为了什么？"

"人类生产最终都是为了自己的消费。虽然说有的企业生产的是生产工具（或者叫生产资料），如机器设备等，有的企业生产的是中间环节的产品，但是从'最终'的角度来说，应该都是为了人类的消费需求。能满足人类消费的需求，生产才是有价值的。"

"综上两点，我可不可以这样认为，所有的人类生产都在把自然资源转变为消费品这个过程中？"

"对！"

"从什么自然资源到什么最终消费品这就是长产业链。如果用一个图表示，那么这个图的起点是自然资源，终点是人类消费者，中间是生产、流通环节。我们查询与企业产品、行业相同的公司的《招股说明书》，目的就是获得相关信息，以便准确地画出企业的产业链图。

"我们今天接触的这家曲轴生产企业，上游是曲轴毛坯件铸造厂，再往上是钢铁厂，钢铁厂开采铁矿石资源；下游是发动机厂，发动机厂把产业销售给汽车商（主机厂或者整车厂，很多发动机厂是汽车商的子公司），汽车商将汽车销售给4S店，4S店卖给最终消费者，你可以试着在大脑中想象一下这张图。每一个企业，我们都可以画出它的产业链图，比如上周五讨论的化纤企业，或者我最近接触的那家游戏开发企业，或者那个线下培育休闲食品品牌的企业……当然，后面这3家企业你都没有接触过。

表14 极其简单的长产业链图

企业	曲轴生产企业	短纤生产企业	游戏开发企业	线下休闲食品运营企业
自然资源	铁矿石	石油	人	土地、种子
产业链环节	钢铁厂 毛坯件铸造厂 **曲轴生产企业** 发动机企业 品牌汽车商 4S店	石油开采 饮料厂（包装瓶） 废旧塑料瓶回收单位 **涤纶短纤生产企业** 服装厂商 服装销售店	IP著作权 **游戏开发企业** 发行方 渠道方	粮食种植 食品厂 **食物品牌运营企业** 批发商 零售商
最终环节	消费者	消费者	消费者	消费者

"画好了产业链图,就大致有了企业所在产业链的样子。也就解决了第一个问题:企业所在产业链是什么样的?"

30 产业链上的地位
产业链、行业分析 3

"第二个要解决的问题：企业在产业链中处于什么环节？"我提醒道。

"我会先找出产业链上的核心环节。所谓核心环节，就是价值点，用通俗的话说就是最有话语权的环节：要么掌握了资源，要么拥有核心技术，要么建立了品牌，要么形成了独特的销售渠道……不同产业链的核心环节不尽相同。一般来说，如果处于产生链某环节的企业表现出对上下游均有较大的资源占用，从财务的角度就是体现出较大的应付账款和较大的预收账款，那么企业所处的环节极有可能是该产业链的核心环节。比如，曲轴生产企业产业链上的品牌汽车商，游戏开发企业产业链上的渠道方。

"找出核心环节，企业在环节中所处的地位就不言而喻，因为地位都是相对的。还有一个方法，就是再深入、细致一点，把每个环节分的售价列示出来，每个环节的地位就更加明了。"

"什么是分的售价？"

"分的售价就是把最终消费者支付的购买价分配到每个环节，类似网上的成本控的分析。我这里引用其中一例：'如果每本图书售价20元，作者稿酬按8%版税率算，即1.6元；印制成本，即印刷费和纸张成本，占书价的25%，即5元；出版社大约以5折的价格卖给经销商，出版社挣了3.4元；经销商按6.5折卖给零售商，利润为3元；零售商平均按8折售卖，赚3元。'"

"画出图书产业链：作者（属于自然资源）—出版社—印刷厂—经销商—零售商—读者。分的售价大致为：作者（1.6元）—出版社（3.4元）—印刷厂（5元）—经销商（3元）—零售商（3元）。"

"作者收入这么低？"王伟惊讶道。

"你以为呢？"

"我以为作者分得多。"

"你想多了！通过这样的分析，能直观地反映企业在产业链所处环节中的地位，同时，也为下一步计算企业在所处环节中的毛利率做铺垫。"

31 趋于一致的毛利率
产业链、行业分析 4

"毛利率,这个比较简单!咳咳咳,"潘林使劲咳了三声,"每一个项目,我们都要计算一下企业的毛利率,得出一个数字。比如,我们今天看的这家曲轴生产企业,毛利率是 25%;上周五说的一家企业,毛利率是 10%;上上周我看的一家企业,毛利率是 80%;再之前看的一家企业,毛利率是 50%。考考你,你觉得哪家企业好呢?我再重复一遍……"

"80% 这个!"

"为啥?"

"毛利率最高!"

"80% 毛利率的是家游戏开发企业,10% 毛利率的是化纤企业,50% 毛利率的是食品品牌运营企业,四家不同产业链上的企业,直接比较毛利率是没有任何意义的,毕竟他们的产品不同,业务模式不同,盈利模式也不同。就算是同一个产业链,处在不同环节,毛利率也没有可比性,比如钢厂的毛利率和曲轴生产企业的毛利率也就没法比。毛利率一般用于相同产业链上相同环节的企业比较,或者同一企业不同期间的自我比较……"

"我打断一下,潘兄,能不能把相同产业链上相同环节改成同行业,听着太别扭了。"我打断潘林。

"好吧,同行业。从自然资源到消费品叫产业链,这是纵向;产业链上每一个环节就是一个行业,这是横向。比如曲轴生产行业、涤纶短纤生产行业、游戏开发行业、食品品牌运营行业……我接着说,把企业毛利率与同行业平均毛利率比较，是因为同行业企业毛利率趋于一致的属性：上游环节竞争越充分，企业所在行业竞争越充分，产品同质性越强，则毛利率越趋于一致……"

"背后逻辑也很简单，充分竞争下，SD决定P，（P－上P）/P应该趋于一致……"

"这么简单的逻辑为什么要说？因为在听评审会的时候，我经常听项目经理说'我查询了我们在保的和这个企业同行的几家企业，净利率差不多也是5个点……'哎哟，听到这个话，肝疼！"

"知道为什么肝疼吗？"

"净利率没有趋于一致的属性！"王伟抢答。

"高才生就是不一样，底子好。"

"净利率没有趋于一致的属性，这是肝疼的原因之一。就算在毛利率趋于一致的情况下，企业的规模不同，规模效应不一样，导致净利率可能不同；企业的管理水平不同，成品率可能有差异，导致净利率可能不同；企业的销售渠道不一样，也可能导致净利率的不同；企业的财务杠杆使用的差异，财务费用不同，仍然有可能导致净利率的不同；企业税务处理差异，缴纳的所得税不同，还是有可能导致净利率的不同……

"肝疼的原因之二是，本来就不应该相同的东西，结果在保的几家企业完全相同，这么妖怪？那我就严重怀疑是不是我们的调查数据出了问题。说到这里，我说一下我最讨厌听到的与项目评价相关的几句话，晓老师，你是不是也经常听到？第一句：同行业在保的几家企业净利率，完全相同。第二句：辛苦一年，多多少少还是要落点钱。第三句：再差的行业也有赚钱的企业。"

"我也不想听到这几句话，它们背后的逻辑可能有些不对。第二句明显就是没核实清楚企业净利润，否定了亏损企业的存在。第三句再差的行业也有赚钱的企业本意没错，但是用它来评价一个项目的时候，那背后的逻辑就是：这个项目所在行业虽然不行，但是它是行业中的优秀者，它能在行业的风雨中独善其身。这又犯了'以一板之长来得出木桶不差'的逻辑错误，行业不行就意味着有高风险点。另外，企业赚不赚钱，80%的因素是行业决定的，剩下20%的因素，决定企业赚多赚少或亏多亏少而已。所以，个人建议在项目决策时，不要觉得自己可以找到淘汰行业中的优秀企业，没必要冒这个风险。"

"晓老师，按你所说，企业赚不赚钱大部分因素是行业决定的。那我把毛利率分析放在产业、行业分析里恰当吗？"潘林问。

"我觉得是恰当的！我能不能插入一个和毛利率相关的知识点？"

"我们可以说'不能'吗？哈哈哈哈！"

32 不一样的性价比
产业链、行业分析 5

"潘林刚才说的四家企业的产品,可以分成两类。"因为开着车,我没回头。

"哪两类?"

"曲轴和涤纶短纤是一类,游戏和休闲食品是一类。"

"为什么要这样划分?"

"你们两个要不要上厕所?一公里后有个服务区。"我想借上厕所的机会思考一下怎么说才可以说得更清楚一些。

"不上!"两人异口同声,"接着说!"

沉默,直到驶过服务区。

"从产业链看,曲轴和涤纶短纤不是最终消费品,不能直接卖给消费者;游戏和休闲食品是最终消费品,虽然产业链上还有下游,但是产业链下游全是渠道商,渠道商不改变产品的形态。唉!说复杂了,简单点,前一类产品是中间品,后一类产品是最终消费品。再简单点,前一类产品是2B,后一类产品是2C。"

"这样划分,有啥意义?"

"分析性价比!"

"啥?"我明显感到潘林拉着我的靠椅将身体坐立起来,"分析性价比?"

"嗯，二者性价比不一样！"

"说来听听！"

"考一下你们，家具厂加工木材需要刀片，现在市面上有两种刀片可供选择，一种是硬质合金材质的刀片 A，另一种是陶瓷材质的刀片 B，两种刀片相比较，B 刀片性能更好：一张 B 刀片可以切割的米数是一张 A 刀片的 2 倍。也因为 B 刀片有更好的性能，因此屡次获奖，可以说 B 刀片名声在外。请问你们会选择购买哪种刀片？"

"B……"

"等一下……信息不充分，没说价格。"潘林打断王伟的回答。

"哈哈，那我接着说。因为 B 刀片是陶瓷材质，生产工艺的难度大于 A 刀片，所以，B 刀片的售价是 A 刀片的 4 倍。"

"那我选 A。"

"都是 A？"

"肯定。虽然从性能上看 B 刀片是 A 刀片的 2 倍，但是一张 B 刀片可以买 4 张 A 刀片。相应地，如果用买一张 B 刀片的钱来买 4 张 A 刀片，切割的数量反而是 B 刀片的 2 倍。"

"你们有没有发现，决策的依据并不是感性的'好'，而是非常理性地精确计算出来的切割的米数／价格，这就是性价比。决策时，我们比较的是谁的性价比更高！"

品质／价格＝性价比

"我再考你们一下，某地方有一家运动鞋生产企业，代工生产知名品牌运动鞋。每年代工数量为 10 万双，但企业备原材料往往会超过 10 万双，导致企业每年实际生产鞋的数量为 11 万双。其中，10 万双贴上知名品牌的商标，另外 1 万双贴上'土豆'的商标。对外销售时，贴知名品牌商标的鞋销售价格为 800 元／双，贴土豆商标的鞋只卖 750 元／双。请问你会选择购买哪种鞋？"

"哈哈，土豆牌，这个名字！如果必须二选一的话，我还是选知名品牌。"

"质量都差不多哦！"

"质量差不多我还是选知名品牌。"

"确定？"

"确定！"

"你呢？"

"我和王伟一样。"

"土豆牌运动鞋卖多少钱一双可以接受？"

"400元？200元？或者更低，不太好说。"

"你们有没有发现，如果从质量的角度来说，二者没有差别，但是在决策时，我们并不是依据品质/价格，我们不能像选择刀片那样理性地计算并比较，我们只能感性的对比。感性对比也是性价比，它是品牌/价格。决策时，你们比较的还是谁的性价比更高！"

品牌/价格=性价比

"好像是这个道理！"

"看到差异了吗？产品的差异，刀片和运动鞋的差异，这就是2B和2C的性价比不一样。分析比较毛利率时，不是说同一个行业的产品毛利率都趋同，虽然是同行业的产品，但是性价比不同，毛利率可能不同，比如刚才的这两种品牌运动鞋的毛利率就没有可比性。"

"毛利率趋于一致性，前提条件是产品具有相同的性价比。"

"另外，考虑企业的产品是2B还是2C，会影响我们的关注点：如果是2B，那么我一定要关注企业的技术、成本、品质；如果是2C，那么我们一定要关注消费者的口碑、是否有品牌。"

用一张表归纳一下。

表15　不同的性价比

企业	产品	性价比	购买认知	关注点
曲轴生产企业、短纤生产企业	2B	品质/价格	理性	技术、成本、品质
游戏开发公司、品牌运营企业	2C	品牌/价格	感性	消费者口碑、品牌

"晓老师，任何一个产品，不是2B就是2C吗？"

"不一定哦！"

"还有啥？"

"还有2G，自己慢慢悟！"

33 产业发展趋势

产业链、行业分析6

"师父说的第三个问题是什么？才说一会儿，我就忘记了！"

"产业链的发展趋势。"我提醒道。

"对，产业分析要弄明白的第三个问题就是产业链的发展趋势。我们画出了从自然资源到最终消费品的简单产业链图，分析了企业所在环节在整个产业链中的地位、计算行业毛利率、分析性价比，都是在产业链内部的分析，而且是基于特定时点的分析。但产业链的发展是动态的，随着时间的变化会发生变化：或坍塌，或维持，或升级。分析产业链的发展趋势，那就要把产业链放在人类社会发展的进程中，考虑影响产业链的外部因素，在一个时间范围内来分析……"

"趋势预测很复杂。"

"确实不简单，但是对中小企业融资担保而言，没想象的那么复杂。"

"这又回到了我们的决策逻辑：预计不会代偿盯的是风险，评价的是底线。因此，我们对产业链发展趋势的分析，主要是分析企业所在的产业链是不是在坍塌，或者会不会因为产业升级而对企业产生不利影响。这一点和PE存在较大的差别，我们没有PE那么高的要求，他们是去发现极具成长性的产业，然后寻找产业链上细分行业中的龙头企业。"

"*我们是剔除不好的，他们是选最优的！*"

"嗯，是这个逻辑。所以，我们要做的就是22年前不给VCD或DVD制造企业提供担保，18年前不给MP3制造商提供担保，14年前不给胶卷相机企业提供担保，10 年前不给小煤矿提供担保，6 年前不给线下实体连锁鞋店提供担保……"

"如果是 PE 呢？"

"人工智能、生物医疗、智能制造、大数据、区块链、物联网、航天产业，等等。"潘林说完，我听见他喝矿泉水咕咚咕咚的声音。

两分钟的沉默。

"师父，我还是觉得很复杂，"王伟突然说道，"你刚才说的 VCD、DVD、MP3、胶卷相机这些都是过去没落了的，站在现在这个时点，我们往过去看，当然可以很简单地说出这些坍塌的产业链或者行业。如果我们站在现在这个时点，往未来看，哪些产业又将坍塌呢？想来想去，好像我又说不出来……"

"哈哈，马后炮！所以，感觉听明白了，但是自己还不会。"我笑着说。

"我承认是马后炮。如果要搞得很明白，还需要沉到产业中，需要积累，有些做 PE 的，穷尽一生也就在两三个产业中游走。"潘林接着说，"王伟同学，你也不要急，慢慢来！而且我们是剔除不好的，没有 PE 要求高。"

"哦！"王伟失落地回答。

"比如……就比如说今天看的曲轴生产企业，你觉得它所在的产业链趋势如何？"

"我觉得还好，"王伟回答，"家用小轿车这个产业链应该在很长时间内都不会坍塌。衣、食、住、行是人类的基本需求，轿车满足行的功能，在短时间内应该不可替代。如果出现坍塌，我觉得最大可能就是小型飞行器的普及，那需要很长时间，需要技术的突破，还需要量产成本的降低……"

"我并不是说行业坍塌。"

"那是啥？"

"会不会因为汽车产业升级而对曲轴企业产生不利影响呢？"

"这个怎么理解？"

"比如说，以后的汽车都是电机驱动……"

"这个不用以后吧，现在都有这个趋向了，纯电汽车有可能是趋势哦！"

"如果是趋势，那曲轴生产企业可能会慢慢地……"

"纯电动汽车不要曲轴啊？"没等潘林说完，王伟就把他打断了。

"要吗？"

"再回到我刚才马后炮的那几个产品：VCD 或 DVD 行业的坍塌，是因为互联网和智能电视的出现，我们看电影的'娱乐需求'还在，只是换了个地方看，而且更方便、内容更丰富、成本更低，促使产业变更的是互联网通信技术和智能制造技术；MP3、胶卷相机行业的坍塌，是因为智能手机的出现，我们听音乐、拍照的需求还在，只是换了工具，而且更方便、实际成本更低，促使产业变更的还是移动通信技术和智能手机制造技术；小煤矿就不说了，关闭是因为安全等因素；线下实体连锁鞋店的普遍关闭，是因为电商的冲击，我们穿鞋子的需求还在，只是换个地方买，而且价格更便宜，产品更丰富，也更便捷，促使产业变更的是互联网技术的发展。"

"那曲轴制造企业的未来取决于纯电动汽车的发展？"

"是这样的。结合我们之前说的所有的人类生产都是为了人类需求，我们可以提炼三个很简单的规律性东西：第一个是人类需求一直都在，只是满足人类需求的产品在不断出现和变化；第二个是产品出现和变化的方向要么是能满足之前不能满足的人类需求，要么是成本更低、效率更高（包括更安全）；第三个是科学技术的突破成为驱动产品更新变化的核心动力。"

"那就是我们常说的'科技是第一生产力'。"

"那你试着分析一下我们说的其他几家企业，就是刚才说的短纤生产企业、游戏开发公司、食品品牌运营企业，挑一家你熟悉的企业，分析一下它所在产业的发展趋势。"

"让我想一想。"

沉默一分钟。

"那我挑游戏开发公司，手游开发公司。"王伟说道。

"好啊！你玩手游？"

"偶尔。"王伟接着说，"衣、食、住、行、娱、教、医、养，如果把人类的需求概括到这八个字里面，那么游戏行业在娱里面。如果从马斯洛需求层次理论看：生理需求、安全需求、社交需求、尊重需求和自我实现，那么互联网手游满足的是人类的社交需求和尊重需求……"

"打断，打断！"我有点蒙圈，"满足社交需求和尊重需求？"

"晓老师，老年人就不懂了吧，你以为玩游戏就是玩游戏？"潘林调侃道。

30公里的车程，王伟让我对网络游戏有了更深刻的认识。

"不过，我还是坚持不给游戏产业的企业做担保！"

34 不给游戏公司做担保

产业链、行业分析 7

"啊？不给游戏产业的企业做担保？"王伟疑惑，"为啥？"

"对呀，为什么？发行商、平台及渠道都是很大的企业，可能和我们没有交集，也不需要我们担保，但是，很多中小型的游戏开发企业还是可以对接一下，特别是在 A 市，游戏开发行业形成了集群，这类企业可不少哦。"潘林说道。

"我反正不做！"

"给个理由？"

"产业链的价值观有问题！"

"啥？产—业—链—的—价—值—观—有问题？"王伟很吃惊，一个字一个字地重复。

"是的！"我回答道，"而且，这一点我们应该达成共识。"

"因为是游戏行业？"

"对，因为是游戏行业。我觉得那几个很火的手游，负面效应一定大于正面效应，特别是对青少年的影响，要不然国家为什么出台那么多政策。"我说道。

"游戏本来只是一个产品而已，在价值观上，产品无所谓好坏。"潘林说。

"就像枪、刀等工具，工具无所谓好坏。"王伟补充潘林说的。

"自己控制不住，不能怪产品。"潘林继续说。

"在价值观上，产品还真得分好坏。"我说道，"普遍正常需求的产品，这是我们经常遇见的，不关乎价值观的好坏；让你身体上瘾的产品，比如烟，明知道吸烟有害健康，你上瘾了还要买着吸，这类产品就有点坏；让你精神上瘾的产品，比如游戏，也坏。如果一个产品利用人的身体或精神上的弱点，比如上瘾、赌性、好奇心……那这个产品可能就没有好的价值观。"

"就像晚清的鸦片一样！"

"按照这个逻辑，那我之前才看的那个线下休闲食品品牌运营企业也不应该往前推进了。"潘林说道。

"也有不好的价值观？"我问潘林。

"我觉得价值观有问题。"潘林说，"企业主要定位为休闲食品品牌的运营，产品为散装休闲食品，如猴头菇饼干、曲奇饼干、米卷等，以一小袋一小袋的包装呈现。自己没有生产场所，全部委托食品生产企业加工，只提供品牌名称和包装。销售市场定位于中小县城的中大型商超和副食品批发商，目标客群是对品牌有一定关注度但是关注度又不是很强的消费者。你们猜一下它是怎么卖的？"

"散装称斤卖。"

"废话。是散装称斤卖，但是特别之处在于他把自己的产品和同类知名品牌的产品紧邻着放，标相同的价格，比如同是猴头菇饼干，堆着品牌A的、品牌B的、这家企业的，品牌C的，消费者可能会习惯性一样拿一点，然后合计称重并以同样的价格结算……"潘林说着有点激动。

"这不是欺骗消费者吗？"王伟说。

"我以后在分析产业链要解决的问题时，加上第四点。"

"啥？"

"分析产业链隐含的价值观。利用人的身体或精神上的弱点的产品有坏的价值观，以故意误导消费者为目的的销售模式有坏的价值观……

一切和正的价值观相悖的价值观都有问题，我们应该避开给这些企业担保。"

"一切和正的价值观相悖的，比如？"

"比如追逐高利润的民营医院、学科培训机构，收费高昂的私立幼儿园，高污染、高能耗企业，高消费企业（如酒吧、高档餐饮厅等）、奢侈品产业链企业、医美整形企业……"

"为啥能一下说这么多？"

"因为这些都违背了'实现人民对美好生活的向往'。"

"安全达到，下车吧！最后一句：技术应该用在对的地方！"

"科技以人为本？"王伟问道。

"敬天爱人！"潘林回答。

"孝悌也者，其为仁之本与！"我笑着说。

"哈哈哈哈，明天见！"

35 八山超市

见面前的准备 1

昨晚回到家已过 11 点，外地项目跑着确实累。

我不太喜欢跑外地项目，是因为心中一直有个不解的问题：为什么最了解企业的当地银行、信用社、担保公司不给企业做呢？A 市的担保公司跑到 300 多公里外的 C 县城做业务，这本身就存在较大的信息不对称风险。

可是，今天要去的，还是个异地项目：D 县城，八山超市。

"昨天我给老板电话沟通了，在网上也查了一下，"刘源一边说着一边把打印的资料递给我，"晓老师，你看一下。"

"走吧，车上看，你开车。"我接过资料，抽了几张名片。

"亮哥，出发了。"刘源喊着李亮。

到车上，我开始看刘源编制的《准备工作》。

表 16　准备工作

序号：2021—498

企业名称：八山超市

角色	名称	编制	复核
项目经理 1	李亮		√
项目经理 2	刘源	√	

	续保	新项目
项目性质		√

行业概况	产品或服务	零售连锁企业 社区超市，部分 24 小时便民店 主要销售食品、生鲜、百货、洗化等 已开店 44 家
	纵向：产业链	厂家—贸易商—八山超市—消费者
	横向：同行	D 县：零售连锁企业狗蛋超市和非连锁零售店

行业概况	产品或服务	零售连锁企业 社区超市，部分24小时便民店 主要销售食品、生鲜、百货、洗化等 已开店44家
行业概况	产业行业趋势	社区超市产品结构调整灵活，与电商销售产品差异定位，满足社区居民日常消费需求，行业持续性较强
	工艺及竞争力	44家店已经形成一定规模
	上下游及地位	食品中的饮料、酒水、烟和粮油的采购需要现款现货，其他产品供应商采取月结方式。销售收现金，部分企业客户与企业有账期，但所占比例极小
公开信息	关联公司	44家店为44个个体工商户，都在实际控制人夫妇名下
	涉诉讼事项	无
	抵押信息	无
	质押信息	无
	其他相关信息	无
续保项目关注重点		——
公司在保同行企业		BB商贸公司：开店24家，单店面积在120平方米左右；单店装修、货架等投入在20万左右等；单店销货20万左右；租金/销售收入=7%；单店配备人员3～4人，人工成本/销售收入=8%；平均客单采购30元；产品平均毛利在16%左右，租金和人工成本基本上和毛利持平；租赁配送仓库；利润来源于扣点、返利、陈列费……
其他		无。

"你对这个项目怎么看？"我转头问李亮。

"选址、口碑、规模和管理能力。"

"详细点！"

"传统产业链上的企业，零售连锁行业，社区超市，消费者对社区超市的需求应该是长期存在，不存在产业链的塌陷，行业毛利透明，固定成本主要是房租和人工成本，单店是否盈利，全看销售量，而决定销售量的最重要的因素就是选址。"

"然后？"

"影响销售量的第二因素是产品的性价比。因为针对的客户是最终消费者，所以，性价比=品牌/价格，44家连锁店采购的规模效应必然能比夫妻店获得更低的采购价格，相应销售价格也可以低一些，同样，44家连锁店，统一的装修、统一的标识，在不大的D县城一定会比夫妻店更令人可信，有更好的口碑。我在网上搜索了一下，企业没有负面信息，有一定的品牌效应。"

"嗯哼？"

"D县城，除了八山超市的44家店，狗蛋超市也有41家连锁店，彼此应该是最大的竞争者。如果二者定位没有差异化，那么拼的就是规模效应和管理能力。规模上去了，采购成本就能降低，管理上去了，费用就能降下来，才会有利润。"

"企业今年有多大的销售规模？"我又把头转回来，问开车的刘源。

"今年销售收入接近1个亿。"

"多少贷款？"

"现有贷款1 200万元。"

"现在的贷款怎么做的？"

"G行税票贷300万元是信用，另外900万元是ZG银行直接抵押做的。"

"这次的资金需求是什么？"

"这次想把抵押给ZG银行的资产抵押给我们，增加到1 500万元，资金用途是开一个3 000平方米的大型商超，装修、货架、铺货等需要钱。"

"整体感觉呢？"

"1亿元的销售规模，1 200万元贷款，900万元GZ银行直抵，抵押物价值打6折的话，抵押物也值1 500万元，如果我们承接过来做1 500万元，基本上就是抵押物不打折。加GS银行的税票贷300万元，总体负债控制在1 800万元，净增加贷款600万元，用于3 000平方米商超，明年销售规模还会增加，如果现有社区超市利润稳定，资金用途也合理，那感觉还可以往前看。"李亮说道。

"不能往前看我们就不会去了，"我回应着李亮，"有啥异常的点？"

"没有合并报表。"

"呵呵，这很正常。"

"老板说44家门店都是个体工商户，没有编制合并报表，只有台账记录，让我们过去看，"李亮接着说，"我们只有过去看了才知道。昨天我在手机地图上搜索了一下八山超市，在D市内，收到了45个结果，扣除我们今天去的公司办公总部，另外44个搜索结果就是超市的位置，确实有这么多家。"

"位置是老城区居多吗？"

"这个没有仔细看。1亿元的规模，如果每个超市销售规模相当，平均每家超市每年要销售227万元，那么每天每店的销售收入6 226元，如果每位顾客消费额30元，那么每天应该有208人光顾，从早上8点到晚上10点15个小时，平均每小时就应该有14人光顾，也就是每四五分钟至少有1人，好像也没啥不对劲的地方。"李亮用手机计算器边计算边说。

"亮哥，一天15个小时算少了，其中还有20家是24小时店。"刘源补充道。

"收入规模没发现异常。"李亮回应着刘源。

"有没有可能有加盟店？"

"网上查询出来的都是老板夫妻名下的个体工商户，应该没有加盟店，所有的收入应该是实际控制人能控制的。"刘源说。

"有没有问抵押物是什么资产？"

"A市的三套豪宅。"

"三套豪宅？"

"是啊，应该不会有隐性负债吧？不会出现'老夫少妻'中的问题。"刘源说完，就笑了起来。

"会不会反了？"我问道。

"有可能！"李亮回答。

"反了？什么反了？"刘源问。

36 给妈妈找工作

见面前的准备 2

A 市到 D 县城只有 2 个小时车程，10 点出发，12 点就到了。

找了个地方吃手工面，这是 D 县的特色。

和老板约的下午 2 点，还有 1 个小时。

"走吧，饭也吃了，我们去超市逛一下，顺便买几瓶水。"我笑着说，"提前来这么早可不只是为了吃手工面。"

"得嘞，我导航吧。"刘源回应着。

红、白、蓝三种颜色交替的横条上镶嵌着用行书书写的"八山超市"，超市外墙面，绯红绯红的，透明的玻璃面占了整个墙面的一半，透过玻璃，超市内的日光灯把超市照得很亮，灯光下，饮料等货品排列得整整齐齐。

"下车，进去逛逛。"

和大家平时去的社区超市没有太大区别，100 多平方米，饮料、烟酒、零食、日化品、油米面……刘源拿了三瓶水，我和李亮跟着去结账。

"6 元。微信还是现金？有没有会员积分？"

"微信支付，不是会员，不积分！"刘源说道。

刘源将水递给我和李亮，走出超市，又转头回去，我和李亮回头看着。

"姐姐，我问个事情，有点不好意思开口。"刘源对着结账的阿姨说。

"噗……"李亮把刚喝进嘴里的矿泉水吐了出来，幸好及时转向了马路。

"弟娃儿，啥事？你说。"结账阿姨一口四川话。

"我妈在家不习惯，想出来找个你们这样的工作，你们公司还招人不？"

"这个事哦，有啥子不好意思开口嘛！我看你们三个在里面转了半天了，东看看西看看，最后只买了三瓶矿泉水，还以为你们是贼娃儿，看你们又穿得整整齐齐，肯定是文化人。"结账阿姨对刘源说，"要招人，老板要开个大超市，在城东新区，就是在招人。"

"我……我多问一句，待遇如何？"

"4 000多元，交了社保到手只有3 000多元。"

"你们一个店几个人？"

"我们店有4个人，每个店都差不多，对吧？"阿姨看着她的同事。

"对的，现在的店都是4个人，城东大超市要招很多人。"阿姨的同事回答。

"好的，我回去给我妈说一下。你们这个店生意挺不错的吧？"

"我们这个店生意一般，平均水平，每个月都拿不到奖。"

"你们还有奖啊？什么奖？"

"嘿！卖到前五名的店都有奖。我们店不得行，每次都排20位，不上不下的。"

"一个月卖多少？"

"卖得好一天1万多元，卖得不好4 000多元也有，拉下来一个月就20万元出头。"

"还是可以哦！"

"可以啥子嘛可以，一般！"

"谢谢了哈，姐姐！"

"不客气，弟娃儿，你还是孝顺哦，都晓得帮你妈打听工作。"

"我就是帮着问一下。"

"你的'姐姐'至少大你三十几岁。"刚关上车门,李亮就调侃刘源。

"懒得理你,"刘源说,"还去下一家不?"

"我觉得八九不离十,你'姐姐'的话可以信赖。阿姨热情不骗人:一个月销售20万元左右,1年就是240万元,结合'每次都排20位,不上不下的',那44家店应该没问题,全部销售收入差不多1亿元的样子;先不考虑总部的管理人员、财务人员等,每个店4个人,44家店,人均月成本4 000元……"李亮估算着收入和人工成本,"另外,城东开大超市也是真实的。晓老师,不用去了吧?"

"我也觉得不用去下一家店了,导航去企业办公室楼吧。如果时间还早,我们就在车上眯一会儿。"我对刘源说。

这样的角色扮演经常发生。有时候在下班时间,在企业办公楼外扮演一个找工作的人,数着出来的人数,顺便向刚下班的人打听企业情况;有时候在就餐高峰期后,去企业门口附近的餐馆就餐,扮演一个收不到货款的人,和餐馆老板聊上半天;但是,像刘源今天这样对着阿姨叫"姐姐"的情况,还是第一次。

37 刘源问老板

沟通1

下午1点55分,我们到了企业的前台,前台接待人员说老板还没来。

李亮给老板打电话,老板说中午有个急事在处理,晚半小时到,实在抱歉,并让前台接待人员把我们带去他的办公室。

穿过公司的办公区,走廊的两边是公司的文化墙,贴着公司的价值观,也贴着优秀员工的个人照,还贴着企业团建的合影,密密麻麻全是人。"光荣榜"上,展示着上个月销售额前五的门店。前台人员打开老板的办公室,我们跟在后面,进门前我瞥了一眼正对着老板办公室的财务室,6张座位,6台电脑,6个人,"6个人管44家门店的收支应该忙得过来。"我心里嘀咕着。

"你们坐一会儿,我去给你们倒茶。"前台人员微笑着说完就走了出去。

"你去忙,不用管我们,我们有水。"李亮晃动着刚才买的矿泉水说。

我、李亮、刘源坐在沙发上,一小会儿,前台将泡好的茶水端了过来。

"收入应该没问题。"刘源说。

我和李亮相视一笑,同时说道:"对!"

"等一会儿让我主导哇?"刘源又说。

"没问题!"我回答的同时,李亮给刘源比了个"OK"的手势。

我打量着老板的办公室,面积不太大,办公桌、椅子、书柜、茶几、沙发,转过头,沙发靠着的墙上挂着"诚信"二字。我站起来,集中视线看书柜里的书，隐隐约约看到《营销自己》《如何成功》《管理好自己的员工》《股权激励》……茶几上没有烟灰缸，办公桌面整理得很干净。

见到老板，已是下午 2 点 35 分。

"不好意思，不好意思，有个供应商来了，我陪着吃了个饭，喝了点酒。"老板红着脸，握着我的手，一个劲地说着，"不好意思！"

"没事，没事！刚好中午时间，在您沙发上坐着休息了一会儿。"

"我喝一点脸就红，平时不喝，今天有个长期合作的供应商来了，就喝了一点。你们等久了，等久了！"

"刘总，您长期住这边吗？"刘源问。

和刘总寒暄之间，刘源加入进来，按照他刚说的，今天他主导。

"一周在这边待四五天，周末必须回 A 市，我周末要去 WW 大学上课。"

"MBA？"

"不是，是 WW 大学的总裁班。"

"佩服，持续充电学习！"

"我都断断续续读了 3 年了，学不到什么知识，就是多认识几个人。"

"谦虚了，肯定还是能学到东西。"刘源突然话锋一转，"这些年刘总一直做社区超市吗？要不，麻烦您给我们介绍一下个人经历、发展历程，等等。"

"不怕你们笑话，我以前在 D 县开出租车，2000 年到 2005 年在我们这边三号桥租摊位开副食店，2006 年创立八山超市，开了第一家店，慢慢发展，到今年就 15 年了，现在开了 44 家店，"刘总接着说，"在 D 县，我们应该是最具规模的社区连锁超市了。"

"狗蛋超市是不是你的竞争对手？我看他们也开了 40 多家。"刘源问。

"是同行，但现在不是竞争对手。狗蛋超市也是 2006 年开起来的，我和狗蛋超市的张总比较熟悉。之前我们竞争有点激烈，因为好口岸都想去占着，曾经有段时间，我们好几家超市的隔壁或者对面，就是张总的狗蛋超市。有时候为了抢客户，我们打价格战，到最后两败俱伤。后来，发现这样竞争也不是办法，我们就约定，我从迎宾大道往东边开，他从迎宾大道往西边开，我以前在西边的店就转给他，他在东边的店就转给我。你们和张总有接触吗？"

"没有接触，我们只是在网上查了一下！"

"哈哈，有备而来！"

"我们是想效率高一点，向你学习，还是要有点准备。"李亮帮刘源补充。

"44家超市，今年销售收入能到一个多亿吗？"刘源接着问。

"差不多应该刚好过亿，今年只剩几天了。"

"供应商多长账期？"

"烟酒饮料这些要付现，其他的供应商给我们铺货，以前是月结15天，今年做了些调整，现在大部分是月结30天。今天中午一起吃饭的供应商，就是和我沟通账期的事情。"

"毛利率是什么水平？"

"不同产品毛利率还是有些差异，食品毛利在15%左右，生鲜差不多和食品一样，也是15%左右，百货毛利高，20%的样子，洗化用品毛利低，10%不到，拉通下来差不多就是15%。"

"店面都是租的？"

"对，买商铺不划算，商铺也不好贷款，全是租的门店。"

"一年租金多少？"

"现在一年可能要700万元，去年630万元。"

"员工有多少人呢？"

"180人左右。"

"一年人工支出？"

"差不多800多万元。"

"净利润靠返点？"

"你对我们行业还熟悉嘛，"刘总夸奖刘源，"对，主要就是靠返点。"

"去年有多少净利润？"

"两三百万元。"

"现在开一家新店，前期要投入多少钱呢？"

"现在花的钱比前几年要低一点。疫情防控期间，很多商铺做不走，我们接过来，基本上没有铺面转让费。此期间价格也好谈，我们有40多家店，信用度比较高，房东也愿意租给我们，价格便宜一点都可以，我们也不会让房东出现租赁空置期。以前的租金基本上都是押一个月付一年，现在，我只需要押一个月付三个月。目前，开店投资的钱主要是用于装修、买电脑、买货架等，铺货基本上也不需要什么钱，除了10%左右的货需要现金结算，如饮料、烟酒、粮油，其他商品，供应商都可以给我们铺货，杂七杂八算下来，一家100多平方米的店弄下来也就20万元多一点。"

"哦，我再问一点，现在资金用途是开城东大超市？"刘源说完朝李亮看了两眼，暗示我问完了，为了避免冷场，该你接着问了。

"对的，3 000平方米左右，前期就需要600万元资金。"

如何看待这个项目？

38 李亮问老板

沟通 2

"刘总，44家店中，哪几年开得多？"李亮懂刘源的意思。

"最近3年开得多，其实在2018年年底，我们只有16家社区超市，2019年开了9家新店，当年关了2家；2020年开了11家新店，关了1家店；今年开了11家店，没有关店。"

"近3年每年开这么多家店，是因为城区的扩张吗？"

"也不是，我们就在老城区选口岸新开了些店。"

"怎么突然快速扩张？"

"就像刚才我说的，这两年受疫情影响，很多店铺生意做不走，我们接过来，租金便宜，支付方式也比以前更有优势。当然，肯定也是因为我们企业要发展！"

"ZG银行的王行长说你在A市买了好几套豪宅，真的吗？"李亮接着问。

"啥子豪宅哦，就3套房子：一套联排别墅、两套大平层，都抵押给他们ZG银行了。现在这里住的房子是我父母的老房子，不值钱。"

"那就是豪宅，好久买的？"

"ZD新苑是2019年买的精装房，我周末回去就住那里。HX联排别墅是去年买的，买这个房子的时候我把我这边的房子都卖了。LH国际是今年7月买的。"

"ZD新苑的房子现在有点贵哦，多大面积呢？"

"180平方米。我买的时候是每平方米2.8万元,现在二手房每平方米4万元了。"

"HX联排别墅和LH国际呢?"

"HX联排别墅和LH国际都是清水房。HX联排别墅位置有点偏,面积是210平方米,买下来520万元,LH国际的面积是160平方米,单价3万元,这个相对来说要便宜一些。HX联排别墅我买亏了,现在一期的房子交易价格比我买的时候还降了一点,而且还没得交易量。HX联排别墅背后的房子,那才好。"刘总介绍着。

"这3年为啥想着买这么多房子呢?1年1套,还是豪宅。"

"A市的房子肯定还要涨,我买的ZD新苑的房子就赚了200多万元了,另外两套基本上不亏不赚。我建议你们有资金也要入手,两三套不算多,买房子就是投资城市的未来,就要看城市人口净流量,A市人口净流量从来没有出现负数,而且这两年人口净流量还在增加。买房子就是买地段,就是要看是不是核心生活区。什么是核心生活区?一看附近有没有地铁,不是说走出小区就是地铁口,这样反而不好,步行5~10分钟到达地铁口是最完美的;二看有没有学区,学区代表教育,一定是稀缺资源;三看有没有公园;四看附近的商业。另外,如果是地处行政办公中心附近就更完美了,规划肯定不差。最后看医疗配套。你们本来就在A市工作,建议买房子,肯定没错!"刘总滔滔不绝。

"哈哈,我买不起!刘总研究得透彻!"李亮给刘总竖起了大拇指,夸奖完后,继续问,"对了,刘总,你的房子不是按揭的?"

"我们做生意的,按揭买房子不划算!"

"为啥?"刘源问。

"按揭我要付30%的首付,每个月还按揭款,钱全部都压进去了,不划算。比如ZD新苑的那套房子,当初买成504万元,如果我按揭买,那么首付150万元,每月还贷款除了利息,还有部分本金,也就是说我每月都要往里面付钱,从2019年购房到现在,我至少又要付50万元还本金,那就压了我 200 万元的资金。我全款买，现在价值 720 万元，抵押给银行打 7 折，我可以贷 500 万元，一分钱都不被占用。如果你们能担保，我 3 套房子的市场价值 1 700 万元，抵押给你们，只贷 1 500 万元，完全不占用我的经营资金，要是你们能给我担保贷 1 700 万元，那就更好了。而你们也没啥风险，A 市的房价肯定还要涨！"刘总说完看着我嘿嘿地笑着。

"这一点我又学习了！除了房子，有没有其他投资？比如股市什么的。"

"没有，其他的东西搞不懂！"

"听完刘总的介绍，我又学习了不少知识，特别是对房地产的认识。我还有个小小的疑惑，麻烦刘总算一下：假设现在不做社区连锁超市这项业务，落到手上有多少钱？"李亮问得很直接，就是让刘总盘算一下他的净资产。

"我没懂起喃！"

"这样说吧，我们把现在所有的货卖了，所有欠供应商的钱都付了，这个月所有的员工工资发了，房租押金全部收回，房租全都算到这个月，提前付了的多余房租也收回来，加上账上的存款和现金，能落多少钱在手上？"

"每家店有 20 万元的货，44 家店差不多 880 万元，算 900 万元，仓库有 200 万元左右，就是 1 100 万元，要付的钱就是供应商的货款，供应商的货款，供应商的货款……哎呀，这个要看台账。"刘总终止了他的计算，"这个我等会加一下。走吧，我带你们去看一下我要开 3 000 平方米大超市的地方。"

刘总站起来，我们也跟着站起来。

下楼，我们的车跟着刘总司机开的车。

新区确实新，众多新楼盘，很多没交付，交付了的楼盘入住率应该也不高。

"1～2层一共3 000平方米，开发商租给我的。因为小区才交房，免租金6个月，但是我要交200万元押金。这外面要装一部电梯到二楼，电梯费用、装修成本、消防设施、货架、另外卖生鲜需要买的大冰柜，我算了一下，差不多要400万元，加押金，一共要600万元，这就是为啥想把贷款从900万元增加到1 500万元。"刘总站在待租的商店前，给我们介绍着，在他的大脑中，是有这个大商超的画面的。

"600万元全部靠贷款解决？经营上没有盈余资金了？"李亮继续问。

"那边的钱都在周转，明年开年还要开一两家社区店，扯不出来。"

"这家店相当于多少家社区店？"

"差不多20多家。"

"供应商要铺多少货呢？"

"500万元左右。"

"大型超市不好掉头哦！社区超市可以想关就关，关一个损失也不大，3 000平方米的商超，钱投进去了，可不是想关就能关的。而且社区超市和大型商超是两种不同的业态，值不值得赌这一把？"李亮提醒刘总。

"我，我挖了个人，YT超市（国际知名品牌）的店长，总裁班的同学。"

"哦，好吧！"李亮看刘总态度坚决，也不再说啥，"今天差不多就这样了？谢谢刘总，学习了！那我们回去给风控沟通一下，及时给您回话。"

"好的，谢谢你们了，这么远跑一趟。"刘总很客气。

握手告别，我们上车，出发回A市。

"抵押物市场价值差不多1 700万元，肯定还要涨价，做1 500万元的话，你们没得风险，放心吧！"车子开出了5米，听见刘总在叮嘱。

"好的，刘总！"

如何看待这个项目？

39 老板的资产负债表
实际控制人分析 1

"有个重要的数据我们没有获取,但是可以推算出来。"我说道。

"哪个数据?"刘源问。

"应付账款。"李亮回答。

"对,就是刘总要看台账的供应商的货款。"

"我来估算一下,你们看对不对?"刘源说。

"好啊!"

"2021年销售收入1亿,因为新增的11家商超是在今年陆续增加的,持续经营时间不到1年,那么现在每个月的销售收入应该高于1亿元的一半,按照1 000万元估算,剔除现金采购的10%部分,有采购账期的商品销售金额900万元,平均毛利率15%,那么对应有账期的应付账款是765万元,按照月结15天到月结30天的结算方式,实际应付账款是765万元的1.5倍到2倍之间,也就是1 100万元到1 500万元之间,折中考虑也有1 300万元的应付账款。"刘源重复着说,"1 300万元的应付账款,这个推算没问题吧?"

"没问题。如果再拖几天,就更多了。"李亮说。

"你能不能帮刘总回答一下李亮的问题?"我问刘源。

"什么问题?"

"假设现在不做社区连锁超市这项业务了，落到手上有多少钱？"

"存货有 1 100 万元（如果刘总说的是销售价格的话），日均存款余额 40 万元左右，这个是我昨天问银行的数据。44 家店还没摊销完的装修费 300 多万元，如果不做了就收不回了，货架、电脑等投入资产处理也值不了多少钱。应付账款 1 300 万元肯定要付，不做生意的话，还要付这个月员工的工资……"刘源计算着，"如果不以持续经营假设来看的话，经营上就没有钱落到手上。"

"亮兄，给刘总打个电话，问下他夫妻名下有多少贷款和信用卡提用？"

"好嘞！"

……

"刘总和他老婆在 ZD 银行做了一点贷款，两个人加起来 100 万元左右。"

"刘源同志，继续！"

"经营上没有什么净资产。另外，如果把 1 200 万元贷款和个人名下的 100 万元贷款算在经营上，经营上的净资产是负的 1 300 万元，"刘源说道，"确实，是负的 1 300 万元。"

"生活上呢？"

"三套房子，买成 1 500 万元，市场价值 1 700 万元。"

"嗯哼？"

"个人净资产有 400 万元，其中房子增值贡献了 200 万元，净资产：贷款 = 4 : 13。"

以刘总为主体，编制资产负债表，大致如下。

表 17　刘总的资产负债表

单位：万元

资产	今天	负债和权益	今天
生活资产	1 700	**生活负债**	0
经营资产	1 300	**经营负债**	2 600
其中：货币资金	40	其中：应付账款	1 300
存货	1 100	金融机构借款	1 300
押金、装修等	160	**权益**	400
		其中：经营积累	200
		生活资产增值	200
资产合计	3 000	**负债和权益合计**	3 000

"是不是违背常识？"

"什么常识？"

"做企业的常识。"

40 老板的逻辑
实际控制人分析 2

"按常理，中小企业老板办企业是为了挣更多的钱，挣更多的钱是为了更好的生活。企业经营挣钱了，老板会用经营利润带来的净现金流，满足自己对高品质生活的支出。当然，如果企业扩大经营需要资金，老板会将生活上的资产再融资。"李亮说。

"嗯哼！"

"但是，我觉得刘总的逻辑不是这……"

"刘总在炒房！"刘源打断李亮。

"哈哈哈哈，你反应过来了。"李亮笑着说。

"因为刘总生活上的资产（3套豪宅）并不是经营利润带来的净现金流形成的，而是应付账款和短期借款带来的现金形成的，所以，从刘总的资产负债结构来看：他是用经营负债去形成生活资产。而生活资产远远超过了刘总的居住需求，他期待的是价格上涨的增值，这不就是炒房呗！还是负债炒房！"刘源说道。

"一般人都是企业经营挣钱后买资产，刘总是企业融资买资产，靠资产增值来挣钱，是不是反了？"我问刘源。

"啊？来的路上你们说'反了'是这个意思啊！"刘源突然反应过来。

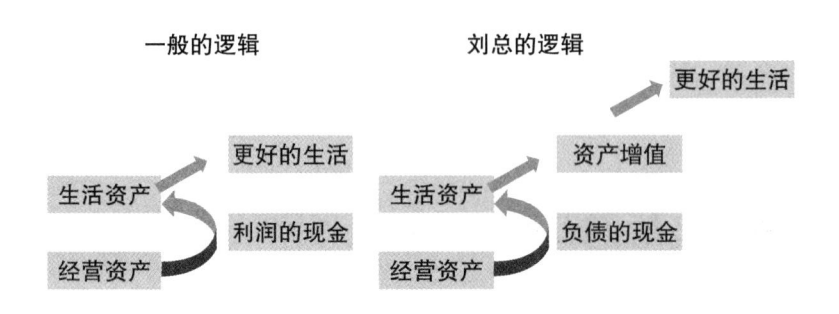

图 10　不同的逻辑

"为啥还没有见到刘总，你们就觉得'反了'？"刘源不解地问。

"哈哈，亮兄，你来说呗！"

"好吧，那我就说说我的看法！"李亮清了清嗓子，开始阐述他的认识，"按理，一定规模的社区连锁超市，在经营上不应该缺钱，这是由社区连锁超市这种业态决定的：每天销售收现金，一个多月后才支付给供应商，这样滚动起来，必然出现账面资金的盈余，而且，当连锁店数量越多，采购量会越大，与供应商的谈判能力就越强，不仅采购价格会降低，结算账期也会变得更长，更长的结算账期又会带来更多资金的盈余。所以，一般来说，这种社区连锁超市本身不会有融资需求。不过，银行说八山超市的资金需求是开 3 000 平方米的大型商超，让资金需求又看似合理起来。"

"然后呢？"

"今天早上到公司，我把银行发给我的抵押物权证看了一下，ZD 新苑、HX 联排别墅和 LH 国际都是 A 市的豪宅，在网上查询到楼盘开盘的时间，分别是前年、去年和今年。这就让我吃惊了，连续 3 年，年年买豪宅，而且，这个行业 1 个亿的销售额产生的利润不可能支撑 3 套豪宅的购房款。所以，我觉得刘总的逻辑和一般的常识相悖了，可能在往炒房的路上走，这就是为什么我觉得'反了'。"

"所以，你问了刘总很多关于房子的问题。"

"对，我问了房子。而刘总说到房子的时候，眼里放光。当一个人说到他最感兴趣的事情时，眼里才会有光，嘴上才会滔滔不绝。他对购房的认识有自己的一套理论，说明研究得很深，无论是投资城市还是如何选房，都是炒房人的认识，他没有像真正需要居住的购房者那样，去关心是否方便自己出行和房屋的户型，或许炒房成了他现在的'主营业务'，房产增值是他的利润来源点。从和他的聊天中可以看出，让他津津乐道的是 ZD 新苑的房子'赚了 200 万元'，而且他也坚信，房子还会涨价。"

"哦！"

"还记得潘林的分享吗？"

"啥？"

"商业模式！商业模式＝业务模式＋盈利模式。普通的连锁商超和刘总的连锁商超的商业模式是不同的，在业务模式上，可能都一样，最大的差异就是盈利模式的不同：别人盯着薄利，精心选着每一个新店铺的地址，估算着周边消费居民的数量，分析紧邻着的竞争夫妻店，测算着什么样的销售规模才能达到盈亏平衡点……刘总盯着的是 A 市的房产增值，城市往哪个方向发展，哪个楼盘好，哪里又要开盘了……经营成了融资的工具。看似做相同的事情，盈利模式却不同，背后的逻辑不同，行为就不同，按照这个逻辑，刘总的行为也就能合理解释了。"

"什么行为？比如？"

"比如最近三年新开店的情况：2006 年开第一家店，到 2019 年初，十几年才开了 16 家店，而最近三年净增加店铺 28 家，为啥？而且，从地图上看，D 县在向迎宾大道以西的方向发展，就是利于狗蛋超市的区域，八山超市的快速扩张不符合开商超的逻辑。难道选址、开店、挣钱这么容易？其实不是，如果从盈利的逻辑去理解，是想不通的，但是从融资的角度去理解，就合理了：店开得多，占用的应付账款就多；店开得多，收入规模就大，就会在银行那里获得信用贷款，比如 G 行 300 万元信用类的税票贷；收入多，拿着购置的房产，找银行融资也会更加容易。"

"这样开店，经营上可能亏损哦？"

"极大可能。不过，经营是为了融入更多的资金，赚一点或亏一点又何妨？从刘总的角度，房产增值能弥补经营亏损，也是划算的。从融资的角度去理解，那我也就明白刘总为什么现在要去新区开 3 000 平方米的大超市了。"

"为啥？"

"一家大超市相当于 20 家社区店，融资来得更快。"

"你觉得刘总在什么时候发生变化的？"我问李亮。

"可能是 2019 年上 WW 大学总裁班的时候。"

41 赌性
实际控制人分析 3

"晓老师,你怎么看待房产?"李亮问。

"如果是贷款炒房,或者说像八山超市这样的,名义上是经营贷款,实际资金是用于炒房,那肯定不提供担保!"我回答。

"哈哈,是价值观问题吗?"刘源笑着说。

"嗯,是的!不过,除了价值观,还有一个原因。"

"啥?"

"实际控制人的赌性。"

"实际控制人的赌性?"

"实际控制人的赌性!因为给中小企业做担保,普遍就是给实际控制人做担保,所以,我们除了要识别实际控制人,并与实际控制人充分沟通(不要把多数时间花在财务人员身上),理清实际控制人从业经历,获取资产线索(一定要判断实际控制人的净资产),编制实际控制人的资产负债表,结合资产沉淀过程,分析是否有隐性负债等,还要做的工作就是分析实际控制人的盈利模式,判断是否存在较强的赌性。"我接着说,"对担保或信贷来说,如果说隐性负债是毒瘤,那么实际控制人较强的赌性,往往也是很多项目代偿的根源。"

"听起来好像有故事,"刘源说,"说说。"

"有甲、乙、丙、丁 4 个人:甲从不打麻将;乙偶尔打麻将,有输有赢;丙经常打麻将,偶尔会赢;丁经常打麻将,经常会赢。其他条件完全相同，必须把钱借给其中一位，你更愿意借给谁？"

"甲！"

"理由？"

"感觉更稳妥一些！"

"虽然丁是'经常会赢'的人，但是大家普遍会选择甲。逻辑很简单，从风险收益相匹配的角度，债权资金应规避不确定性，不确定性就代表着风险。"我对刘源说，"一般来说，经常赌博的人，赌性会比较强，赌性较强，往往会追逐更大的不确定性。"

"对，"李亮肯定我的说法，"沉迷赌博是赌性的极端体现。"

"有没有因为赌博而出风险的项目？"刘源问。

"我参与过的项目有一个。出了风险，不过没有代偿，没代偿的原因是担保方案的设置和出风险后的风险处置方案。真的很聪明，这是师父的智慧……"说着说着，我的思绪又飘向了7年前，"沉迷赌博的人不是实际控制人，是实际控制人的儿子，唯一的儿子。"

"啊？实际控制人的儿子？"

"那是个当时在当地很风光的企业，印象中的老板永远穿着黑色的夹克，西裤，黑皮鞋，50多岁，30多年来一直专注于企业经营，谦和、低调、朴实、谨慎洋溢在和师父的每一次交流中。第一次见面给我印象最深刻的不是老板，而是一位坐在老板身边的一位20多岁的小伙子。师父和老板交流时，他一直在玩着手机。直到现在我都不知道那是什么牌子的手机，只是师哥后来告诉我，那部手机的售价接近20万元，小伙子是老板的儿子。"

"20万元的手机？"刘源很吃惊，"然后呢？"

"算了，算了，不说具体项目的内容。"我突然意识到这个项目说出来话又长了，"项目内容不是重点，继续说赌性。"

"不说了哇？"刘源故作失落态，"是不是和澳门相关？"

"先不说，改天请一个人给你说，一定满足你的好奇心。"

"哦，好吧。"

"如同李亮所说，沉迷赌博是赌性的极端体现，这是赌性的第一层面。"我继续说，"这个层面的赌性容易被发现，又不容易被发现。"

"赌性的第二层面，就是类似于八山超市的刘总，"李亮接着我的话说，"无论是刘总的炒房，还是其他人的炒股、炒币、放水……盈利模式是期待与经营不相关的资产增值，通俗地讲，赚的是非经营相关的资产增值的钱。刘总对房价的分析，看似很专业，实际上就是在赌，因为他说只比我们普通人认知多那么一点点。这样说吧，影响房产价格变化趋势的因素，如果拉普拉斯之妖知道的是 100，那我们知道的是 20，刘总知道的无非就是 25 而已。刘总的盈利模式是在赌资产增值，看似如火如荼的经营，实际成了融资的工具。致命的是，近 3 年连续大规模地开店以及跨业态的开店，已经舍弃了经营的营利性，刘总面临的最大风险，就是供应商的挤兑：随着账期的逐步拉长，占用应付账款越来越多，亏损和高额的财务费用导致'血液'的流失，只要出现拖欠一两个供应商货款的情况，那'拖欠货款'的消息就会如同病毒一样传播，供应商会选择停止供货，蜂拥而至，要求付款，店里货减少，现金流减少……44 家超市的关闭，可能就是两三个月的事情。"

"还有放水？"刘源问。

"嗯，放高利贷，赚资金的增值。有些实际控制人资金的使用是季节性的，如果贷款期限是一年，资金使用完不能提前归还，就会产生'长贷短投'的错配。如果实际控制人有较强的赌性，账面充裕的资金就会被拿去做其他高风险的事情，最常见的就是高息借给'朋友'，这就是赌性下'长贷短投'的高风险，这比'短贷长投'更吓人。这个不展开，自己慢慢悟。"李亮回答刘源。

"我们一定要看实际控制人赚的什么钱，李亮说得很对。"我赞同李亮。

"对，一定要搞明白实际控制人赚钱的逻辑：有的人赚的是辛苦钱，有的人赚的是技术钱，有的人赚的是资本钱，有的人凭小聪明赚钱，有的人凭关系赚钱，有的人赚的是资产的增值，有的人赚的是时代的红利，有的人赚钱时心胸敞亮，还有的人赚钱时昧着良心……"李亮回应我对他的赞同。

"扯远了，扯远了，赌性的第三层面呢？"刘源问。

"经营中的赌，而且这赌是利润的主要来源，这是赌性的第三层面。经营中的赌就太多了，比如我最近看的一家建筑铝材加工企业，所在行业竞争充分，运输成本导致产业链上的企业向原材料源头集中或者向市场所在地集中，行业毛利透明且微薄。如果实际控制人没有较强的赌性，赚的就是辛苦钱：利润来源于设备投入、人力和规模效应。相应必然会考虑如何规避原材料价格波动影响企业盈利的稳定性，所以，原材料的套期保值就是必要的手段。可是，这家企业不但没有做套期保值，反而大规模囤货，远远超过日常经营备货量，如果按照最高囤货量计算，只要价格下跌5%，企业一年的利润就没了。背后实际控制人的逻辑就是赌，与实际控制人交流时，他告诉我，'从业这么多年了，对原材料的价格摸透了，知道什么时候要涨，什么时候要跌。'请问，他说他摸透了，你相信吗？你敢相信吗？"

"他晓得什么时候涨，还做啥加工生意。"刘源说。

"盲目自信做出的决策，是赌的一种表现形式。"我说。

"第二层面、第三层面的赌性其实都很容易发现，"李亮说，"只要沉入企业经营中，分析企业的盈利模式，判断实际控制人的行为逻辑是不是违背了一般常识，如果有悖常识，那背后一定有故事。"

"还有第四层面？"

"有。企业在经营过程中，往往有难以决策的时候，即使穷尽所知的信息，也存在未知的不确定性。面对这种未知不确定性，敢于抉择，敢于冒险，这也是一种赌性，这是赌性的第四层面。比如，大量资金投入突破自然科学边沿的医药研发企业，很多新药的研发都是在和自然规律做斗争，这个领域，不是说随着资金投入的增多，成功的概率就会提高。举个极端的例子：一家企业投入 1 万亿元研发长生不死的药，你觉得成功可能性大吗？"

"这个层面的赌性适合 VC、PE。"没等李亮说完，就被刘源打断了。

"是啊，社会的发展需要第四层面的赌性，适合 VC 和 PE，但不适合我们。"

"总结一下，我们的尽职调查一定要搞明白企业的盈利模式，说白了，就是要晓得实际控制人赚的什么钱，看看盈利是否源于资产的增值，原材料价格的波动，是否在未来的不确定性事项上……分析实际控制人的赌性，如果遇见赌性较强的实际控制人，我们一定要审慎……"李亮继续说，"每个人都有赌性，这是人性决定的。只要不是赌徒，选择赌一下的原因可能是诱惑足够大，或者是实际控制人过于自负。"

"还有一种赌，不是产生于诱惑或自负，而是已经发生的损失。"我说。

"对对对！差点搞忘了，亏损企业的实际控制人赌性往往非常强，"李亮说道，"你们还记得我之前介绍'老夫少妻'那个项目时潘林说的吗？"

"潘哥说的啥？"刘源问。

"对于我们做贷款担保的人来说，企业维持盈利状态的能力比盈利多少更重要，盈利或亏损后，实际控制人的选择完全不同，这是人性决定的；如果实际控制人辛苦一年不但落不到现钱，还把自己的老本亏进去，如果不及时'收手'，那么心理会发生改变，可能就像赌徒一样，在每次输了之后，都想着再玩一局，在后续经营策略上，就会偏向对风险的喜好，不停地追逐风险……让我选择，或者说信贷资金的选择，肯定选择追求落袋为安的经营者，避开那些追逐风险的赌徒，这是我们的商业模式决定的。而落袋为安和赌徒心理，是在盈利和亏损两种情况下，不同人表现出来的共性……"李亮接着说，"实际控制人为维持信贷资金的稳定，或者为获得更多的信贷资金，会向债权人、担保人掩盖经营的亏损，如果我们的尽职调查沉浸在过去的惯性思维下，会变成那只被煮的青蛙，这往往是最要命的。"

"净资产大，一般不会选择去赌；稳定地赚钱，不容易去赌；老板别那么自负，不会轻易陷入赌局。"

"晓老师，'20万元手机'那个项目，你刚才说哪天让我听爽，说话算话？"

"说话算话！哪天我把我师父叫上，吃顿火锅，'20万元手机'那个项目师父最清楚。而且师父这几年的保全工作经历，看到的类似项目应该不少哦。"

"他有故事，"李亮说，"我也要参加！"

"我有酒！"刘源说。

"那我就记录下来写成一本书，就叫《悟保全之道》。"我调侃道。

42 也说房产
最常见的抵押物

"晓老师，你还是没说对房产的看法呢？"李亮继续问。

"刚才不是说了吗？"

"我想问的是，你觉得 A 市房价还会不会涨？"

"问得这么直接，我又不是拉普拉斯之妖。"

"说说你的看法呗。"

"你觉得刘总说的有道理没？"

"我觉得好像挺有道理的。"刘源插话进来。

"哈哈哈哈，我确实没有研究过 A 市的房产到底会涨还是会跌，因为我觉得有地方住就行了，房子就是居住场所。另外，我们的担保业务是信用发现，从来都不是看抵押物价值做业务，所以，我也没有专门去分析房产价格的变化。"我搜索着大脑中和房产相关的所有信息，补充说道，"当然，我也有对房产的认识，但是非常不接地气，很书呆子气，如果要听，我就分享。"

"那就说说，我们就当你在吹牛。"

"哈哈，我们一直在吹牛，咳咳，"我也学着相声演员清嗓子的样子咳了两声，"对任何资产的价格判断，我坚持价格围绕价值波动这个基本逻辑，判断 A 市房价的未来趋势，首先要判断的是现在房价中是否有较多的泡沫，这和实体经济直接进行供需分析有很大的不同，简单点说，先要明白现在的房价是不是已经被炒高了……"

"等等！"李亮打断我，"和实体经济不同？房地产不是实体经济？"

"我觉得至少现在不是。"

"那是啥？"李亮追问。

"虚拟经济。"

"啥？房地产是虚拟经济？虚拟经济不是网络、游戏、二次元吗？"刘源问道。

"价格和需求的反馈机制，是定义实体经济和虚拟经济的标准。用经济学的理论来看，实体经济的特性适用于负反馈机制，而虚拟经济的特性适用于正反馈机制，虚拟经济的价格与需求正方向反馈变化，如房地产、股票，用我们的话说就是'越涨越要买'，或者叫'买涨不买跌'。"我回答刘源。

"确定？"

"确定！"

"那就会产生泡沫！"李亮说。

"是的，泡沫只产生于虚拟经济中。"我接着说，"所以，房价涨不涨，先看现在的泡沫多不多。"

"这个怎么看？"刘源问。

"荷兰郁金香往上涨的过程中没有人觉得有泡沫。"李亮说。

"有没有泡沫，不要去问买郁金香的人，这存在样本偏差。换个角度，房地产是我们的支柱产业，而房地产又是虚拟经济，从经济学角度看，长期把支柱产业放在虚拟经济上，是很少见且也有风险的事情。当然，我这句话的重点是房地产是我们的支柱产业。"

"支柱产业一定聚集着社会的财富。"李亮说。

"对。"

"然后呢？"

"再说一个知识点：从经济学角度，适当的通货膨胀对经济是有好处的。"

"然后呢？"

"然后我们是不是可以得出一个结论？不考虑泡沫，当年房地产价格应该是去年房地产价格的（1＋当年的无风险利率）×（1＋当年通货膨胀率）倍。"

"你的意思是房价应该涨？"

"我觉得没有泡沫的话，每年6%～8%的增长是恰当的。"我说。

"那关键是现在的房价有没有泡沫？"李亮说。

"悄悄给你们说个方法，可以选一个你认为A市房地产价格没有泡沫的年代，然后以当年那个价格为基础，乘以以后每年的（1＋当年的无风险利率）×（1＋当年通货膨胀率），一直算到今年，得出一个数，再和当前房地产价格比较，看看孰高孰低。"我半开玩笑地说，"不过，这个方法不一定对。"

"晓老师，你学经济学的？"

"哈哈，本科是学经济学的，是不是很会忽悠你们啊？"我笑道，"郁金香产业本是实体经济，当投机者把它作为标的，在那段时间它就成虚拟经济了。房地产本来也是实体经济，满足人民的居住需求，当成为投机者的标的，那也注定在这段时间成了虚拟经济，产生泡沫是必然。'脱虚向实''房子是用来住的，不是用来炒的'，也就是挤泡沫的过程。这个事情上，我还是有确定的认识：一切和'实现人民对美好生活的向往'相悖的，都不会被历史所选择。"

"说到房产，考一下刘源同学，与房产抵押物相关的注意点有哪些？"

"这个简单！第一，谨慎第三方资产抵押，这是常识和逻辑的问题；第二，不要从贷款额度倒算需要多少抵押物，这也是逻辑问题；第三，看有没有设置居住权；第四，看有没有长期租赁；第五，看是不是唯一住房；第六，最高额抵押后续放款时，看抵押物有没有被查封；第七，一定要实地查看抵押物，特别是重庆的，一楼的商铺可能在地下，十楼的商铺也可能在地面。"说到重庆的商铺，刘源都笑了，"这些百度上可能都有，我就不展开说了。"

回来感觉很快，下高速了。

"就八山超市来说，我觉得刘总已经行走在危险的边缘。现在自救的最好的方式就是处置豪宅，降低负债，关闭亏损门店，及时止损止血。亮兄，记住明天一定要给刘总打个电话，虽然不合作，但是，我们还是有责任给他说一下我们的看法！"

"好的。"李亮回答我。

43 心中有报表，才去看报表
企业财务报表 1

"心中有报表，才去看报表；心中无报表，不要看报表。"一大早到公司，就听见潘林对王伟说，"心中无报表，就拿着报表看，看到的都是数字，读不懂报表，也看不出问题；心中有报表，才能读懂报表，才能读懂企业业务，才能发现报表的异常。"

"潘老师，一大早，上课呢？"我放下包调侃潘林时，看了看李亮的位置，李亮还没有到公司，等他来了，提醒他给刘总回话。

"晓老师早！别洗我脑壳，"潘林看了我一眼，接着和王伟说，"知道我今天早上吃的什么吗？我早上吃的米和水混合后加热沸腾熬成的混合物，面粉和水混合发酵后蒸煮出来的白白的东西。"

"稀饭和馒头。"

"对！说稀饭和馒头可以；说米和水混合后加热沸腾熬成的混合物，面粉和水混合发酵后蒸煮出来的白白的东西也可以；说是粥和没得馅儿的包子仍然可以；说'porridge'和'steamed bread'还是可以……但是，无论我怎么说，我描述的都是同一个事实：我早上吃的东西，这个事实是确定的，不会因为我描述的方式不同而改变。"潘林继续说。

"嗯。"王伟点点头。

"企业的经营情况如同我吃的早餐一样，是客观存在的。我们对企业经营的记录和描述也可以有很多种方式，但是无论我们从哪个角度，用什么方式，都不能改变企业本身的经营状态。我们要搞清楚的是企业的经营情况，会计只是记录和描述企业经营的一门语言而已，报表就是会计语言下的总结，统一的语言规则，统一的报表列示，把既定的事实展现出来，其作用是便于利益相关者理解，便于企业之间比较。但是，如果没有会计、没有报表，企业的业务还是会发生，经营事实还是会在那里，不偏不倚。对吧？"

"对！"

"会计不改变事实，报表因事实而产生，所以，看报表之前，我们应先去预测事实本来应该是什么样子。既然事实应该是这个样子，那么，在会计准则下，报表也就理所当然的应该是什么样子，这个报表的样子就是我们心中的报表。将心中的报表与企业给的报表相比较，分析异常，这才是财务尽职调查读报表之前的逻辑——心中有报表，才去看报表。"

"怎么有点蒙圈呢？"王伟说。

"我举个简单的例子，假设你每个月固定工资为 8 000 元，这个月出差 10 天，补贴是 150 元/天，这是事实。那么，你女朋友对你的工资预期就是 9 500 元，这是她心中的'报表'。只有当她心里有了这个合理的预期之后，才能判断你交给她的钱是不是存在异常。"潘林接着说，"我们看报表时，如果没有对报表的预期，又如何去识别报表中的异常呢？"

"好像有点懂了。那预期，或者说心中的报表来自哪里？"

"来自我们工作的积累和看报表前的所有工作：查询的企业信息，查看同行企业的报告，与老板沟通交流，搞明白企业的业务，弄清楚企业所在的产业链情况，获得行业毛利率数据，关注产品性价比，看清实际控制人赚钱逻辑，弄懂赚的什么钱。"

"能不能用昨天跑的项目举一下例子？"王伟问潘林。

"可以啊！"潘林回答得很爽快。

"你们昨天也看新项目了？"我问。

"嗯，看了一家做教学仪器贸易的企业。"王伟回答我。

"拿到报表没有？"我问王伟。

"还没呢，财务说今天发给我，估计得等上班以后了。"王伟说。

"你把项目情况整理一下，然后给你师父看一下。"我给王伟说完，又叮嘱潘林，"潘兄，把截至目前了解的所有信息充分展示出来，多打印几份，等张航、刘源到公司后各给他们一份。你带着他们三个一起把你刚才说的'心中的报表'弄出来，关键是要教会他们方法。"

"没问题。"潘林回应我，"不过，要不要换一个更复杂的项目？"

"又不是炫技，不需要那么复杂，重点是你要给他们讲明白。"

"行！"

"师父，要整理哪些信息？"王伟问潘林。

"你把昨天的《准备工作》拿出来，再把笔记本翻开，结合和老板的聊天记录以及我们看到的，把企业情况从头到尾详细梳理一下。最好是分几个阶段，比如昨天早上银行和我打电话沟通算一个阶段，我让你在网上查询企业的相关信息并对产业链行业分析算一个阶段，昨天下午我们去企业沟通并看现场算一个阶段。"潘林说完，最后提醒王伟，"整理出来后先把电子版本发给我看一下。"

9点前，部门人员陆续到齐。

9点过，李亮给八山超市的刘总打了电话，我听他和刘总说了很多。

我把今年还未完成的述责述廉报告写完，时间就悄悄来到了10点。春节临近，事情还是多。春节前往往是中小民营企业风险集中暴发的时点，特别是建筑行业，涉及工人的工资、年终奖金等，那是大家辛苦一年后等着回家过年的钱。听说前几天JK地产在A市的分公司被人砸了，牵连其中的中小民营企业肯定不只三五家。

估计潘林见我没有把注意力全部集中在电脑上了，就走了过来，把手中的A4纸在我面前晃了几下，说："差不多整理了一个出来，我分成3个阶段，打印在3张纸上，等会儿一张一张讨论。"

"好的，我也跟着学习一下。"我伸手去接 A4 纸。

"又洗我脑壳。"潘林没有递给我，反而笑着说，"一张一张地给。"

"那就让他们过来吧。"我觉得可以开始了。

在潘林的召集下，王伟、刘源和张航拖着凳子围坐了过来，李亮自告奋勇地参加，潘林又去打印了一份。潘林给大家说清楚了接下来我们要做的事情：根据既有的信息把企业的报表画出来。紧接着把第一张 A4 纸发给我们，说："看两分钟，然后大家讨论。"

啊波此得教学用具有限责任公司项目情况梳理

信息1：银行人员和潘林的对话

时间：昨天上午

内容：潘林与银行项目经理间的电话沟通内容

  银行：潘哥，没办到房产证的工业用地抵押给你们，接受不？

  潘林：看企业情况，做什么的？

  银行：给学校和教育局供应教学仪器的，自己不生产，我们的老客户，基本户开在我们这里的。

  潘林：多大规模？有多少贷款？想贷多少？

  银行：企业经营比较稳定，这 5 年都差不多，每年在我们银行的流水有 6 000 多万元，我们贷款 150 万元。其中，100 万元抵押，50 万元信用，没其他贷款。这次想要贷 500 万元，抵押给我们的土地只有 5 亩，有土地证，但地上去年才修好的两层办公楼和 1 座仓库还没有把证办下来。

  潘林：多大面积？

  银行：办公楼每层 400 平方米，仓库好像 2 000 平方米。

  潘林：这次是想抵押给我们，我们担保，你们借 500 万元？

  银行：是的。

  潘林：那相当于净增加资金 400 万元？

银行：嗯。

潘林：企业在你们那里日均存款怎么样？

银行：日均存款不大，十几万元到几十万元。

潘林：老板人怎么样？贷款做什么？

银行：我们行长和老板熟，我不熟，好像老板干这行快30年了，这次资金需求是想补充流动资金。

潘林：发个企业名字给我，我先网上查一下，约着聊一下。

银行：今天下午就可以，老板在，去不去？

潘林：去，几点？发个定位。

"咳咳！可以了吗？"大约两分钟后，潘林的咳嗽声是让大家把注意力集中在他的身上，看见大家都抬起头望着他，他快速地递给我们每人一张空白的A4纸，接着说，"可以在上面打草稿。"

大家接过A4纸。

"就是根据信息估计报表内容，"张航反应最快，一边写一边说，"这个简单，营业收入6 000多万元，短期借款150万元，无形资产有土地，在建工程有房子，货币资金不多，十几万元或者几十万元。"

王伟："我和张航差不多，不过房子应该放在固定资产科目。"

张航："还没办证。"

王伟："去年修好了，已经达到预计可使用状态。"

刘源："不要纠结是在建工程还是固定资产，我们已经跳过会计语言去看事情的实质，所以没必要在意会计语言应该怎么描述。不过，营业收入不一定是6 000多万元，银行说的流水可不等于营业收入。流水甚至都不一定全是收到的货款。就算全是收到的货款，也不代表当期的营业收入就是6 000多万元，有可能收到的是去年的，或者前年的，还有可能是预收账款，对吧？如果还有其他账户结算，那单个账户的流水也不能说明什么。"刘源开口纠正了他们的注意重心。

"张航说的其他的你赞同不？"潘林问刘源。

"其他的我赞同。"

"亮兄，你呢？"潘林转向李亮。

"我赞同刘源说的，顺便再补充一下：土地现在的价值应该在200万元左右，因为银行的抵押贷款是100万元。一般来说，对于工业用地，银行的授信逻辑是打5折，不过，如果买得早，账面价值应该远远低于200万元。办公楼一层400平方米，两层800平方米，去年修建好的，如果是框架结构，造价差不多2 000元/平方米，所以办公楼造价160万元；仓库应该是钢构，教学设备和仪器不是什么大件物品，应该不会上行车，去年钢材价格没有今年这么贵，每平方米的造价不超过1 000元，仓库2 000平方米，也就是200万元。房产的价值合计差不多300多万元。单个账户余额无法判断报表货币资金。"李亮分析道。

"哇哦，感觉亮哥既知道银行信贷政策，又知道房子的造价。"王伟崇拜地看着李亮。

"做担保必须知道这些，接触多了你也就晓得了。其实这些都是常识性的东西，'阅读'企业不一定只通过会计语言。"

"晓老师，你有意见没？"潘林问我。

"我就是来跟着学习的，把我当听众或者空气！"我笑着说。

"那我汇总大家的看法，现在大致确定的报表内容：短期借款150万元；长期资产（固定资产或在建工程和无形资产）5亩地和地上建筑物价值500万元；如果其他账户没有多少余额，货币资金大致维持在十几万元到几十万元水平。没问题吧？"

"没问题！"

"继续。"

潘林递给大家第二张A4纸，内容如下。

啊波此得教学用具有限责任公司项目情况梳理

信息2：查询相关信息

时间：昨天上午

内容：企查查、百度、同行在保企业的报告查看

1. 企查查上查到的信息

（1）公司成立于2008年，2017年货币增资到1 000万元，2018年增资到3 000万元，全部为货币出资，增资过程中，各出资人出资比例维持不变，当前出资人为10个自然人，出资比例均为10%。

（2）没有企业对外投资的信息，10个出资人也没有关联公司信息。

（3）涉及6起司法案件：1起作为被告，职工被辞退要求赔偿；5起作为原告，2019年4起、2020年1起，全部是买卖合同收款诉讼，涉案金额合计760万元。

2. 百度信息

（1）公司没有官方网站。

（2）中国质量检测信息网有企业相关信息。在XX省会员单位展示下：公司现有员工98人，占地3 640平方米，拥有资产5 400余万元，销售教学用实验室设备、实验室仪器（信息为2018年公布）。

（3）招投标中标信息内容较多，其中金额较大的是最近中标的SD县教育体育局项目，中标金额620万元。

3. 无同行在保企业

4. 产业链、行业分析

（1）画出产业链图：各种自然资源—教学用实验室设备、实验室仪器生产厂商—企业—教育体育局（或学校）—学生。

（2）分析核心环节：教育体育局（或学校）。

（3）产品性价比：2G，不太适合性价比分析。

（4）毛利率：没有可比企业数据，暂时未能获得行业毛利率。

"估计都看得差不多了吧？"潘林问大家，"谁先说？"

"王伟、张航先说。"刘源回答潘林。

"那我就先说说我的看法。实收资本 3 000 万元，总资产……"张航低着头开口说道。

"NO，NO，NO，"刘源打断张航，摇着食指，"实收资本 3 000 万元，这个虚得比较多，我估计其中至少有 2 000 万元只是到企业转了一圈而已。"

"你烦不烦？让别人先说，你就等人家说完嘛。"李亮对刘源说。

"张航你继续！"刘源说。

"总资产 2018 年的时候就是 5 000 多万元了，现在会不会更多？人工成本应该一年接近 1 000 万元吧？"被刘源打断后，张航越说越不自信。

"嘿嘿，轮到我说了哇？"刘源没等大家回答，就说，"实收资本没有 3 000 万元，报表上资产类科目肯定有虚增，大概率是在其他应收款科目。我说一下我的理由：首先，结合第一张 A4 纸上的内容，银行的人说'企业经营比较稳定，这 5 年都差不多'，如果这 5 年基本户回款都差不多，那难道实收资本几倍的增加对销售规模没有起到任何作用？投进来的钱摆在账上耍？如果真投进来放在账上，那可能也就不需要贷款了，这与在银行贷款 150 万元相悖。如果贷款 150 万元是为了照顾银行关系，那为啥不用增加存款来照顾关系呢？这又和唯一的贷款行账户日均存款才十几万元到几十万元不相符。结合这次增加额度的需求，那基本上可以确定实收资本有问题。其次，10 个自然人股东，没有关联公司信息，说明股东有其他收入来源的可能性不大。2018 年同比例增资 2 000 万元，10 个家庭，家家有故事，可能还有贫富差距，同时让每家拿 200 万元出来，我就不相信 10

个人意见一致且都可以拿得出来。另外，贸易类企业的利润空间也不能支撑现金分红后再增资，而且涉及个人所得税，也没必要。股东分散的企业，同比例的大规模增资，除了留存收益转资本，我还想不到有第二种可能。可是，企业确实是有货币增资，那唯一的可能就是钱进来转了一圈，又出去了。最后，企业的业务是'销售教学用实验室设备、实验室仪器'，'招投标中标信息内容较多'，这暗示背后增加实收资本的目的，那就是投标要求较大的实收资本。如果我是股东，解决这个问题的方法就是找资金过一下。这就是我的理由。"

"我怎么觉得你说了你平时说不出来的东西呢？"李亮疑惑地看着刘源。

"哈哈哈哈哈哈，"刘源笑了起来，"前几天潘哥才让我思考了另一个项目的出资问题，我刚才说的，基本上是套用了潘哥的逻辑。"

"学得不错！"李亮说。

"其他呢？张航说的总资产和人工成本问题。"潘林问。

"2018年的总资产就有5 000多万元了，员工98人，人工成本应该一年接近1 000万元。张航兄弟，这些信息你都相信？"刘源看着张航，"没有核实的网站上的信息，我一般不采信。哪个老板不吹牛？你以为这些老板都像你和晓老师这么诚实？不可能！"

"是在夸我吗？"张航笑着说。

"他在贬低你，在拍晓老师马屁。"潘林说，"还有其他和报表相关的信息吗？"

"诉讼的事情！"王伟说。

"和报表相关？"刘源说。

"嗯，和报表相关，应收账款的减值问题。或者不用会计的语言说，就是货款收款的问题。"王伟继续说，"你看诉讼信息，企业作为原告发起了5起诉讼，全部是买卖合同收款诉讼，涉案金额合计760万元，那我肯定要怀疑应收账款是不是存在收款不确定性问题。"

"赞同！"张航说。

"亮兄，你说一下不？"潘林问李亮。

"那我就结合刘源说的实收资本问题，并接着王伟说的应收账款的问题往下说。2017年增资、2018年增资，资本金到企业后又转出，从这个行为的目的来看，是为了投标获得更多的业务，或者说是有资格去投对实收资本要求更高的标，也就是说增资的这两年，在业务的拓展上，企业可能是激进的。过于激进的背后一定会隐藏风险，所以，2019年作为原告发起收款的诉讼4起、去年1起也就不奇怪了。今年没有新发生诉讼，估计有两方面的原因：一是前两年的激进出问题了，企业管理层在新业务的承接上又重新谨慎起来；二是资金都压在应收账款上了，没有钱去激进了。找我们担保增加贷款额度，极大可能是为了执行最近中标的SD县教育体育局620万元的项目。按照这个逻辑推测，在转谨慎后承接的这个620万元的项目，应该是比较妥当的。"李亮接着说，"和报表相关的一点，我倒是觉得企业每年应该都有利润分配的压力。"

"为啥？"刘源问。

"两点原因。一是2G业务独有的特性，不展开说；二是10个股东，如果不是每个股东都参与公司经营，那没参与公司经营的股东必定有每年利润分配的诉求。当然，利润分配的形式不一定是账面体现的分红，还有可能是费用的报销。中小民营企业，如果没有往资本市场发展的诉求，账面上是看不到什么利润的；如果要往资本市场发展，有些必不可少的费用又不能摆在账上，较好的解决路径就是企业先分红给股东，股东再去支付相关费用。从这个角度看，一个典型的事实就是：企业的利润不一定是全体股东的利润。哎呀，这个就扯远了……"李亮说道，"还是回到我们讨论的内容吧。"

"我也觉得你扯远了。"我说。

"那还有没有？"潘林问。

"再补充一点，收入应该全部报税，因为客户是教育体育局和学校。"李亮说。

"我汇总一下。"潘林说，"实收资本3 000万元，资产类科目有虚增，极大可能是其他应收款，虚增金额在2 000万元以上；应收账款金额较大，部分应收账款账期较长，可能存在收不回的应收账款；如果没有分红，就可能存在虚增的费用；收入全部报税。就这些？"

"差不多就这些。"

"那我们接着看昨天下午和老板的交流及现场查看的信息。"潘林递给我们最后一张A4纸。

啊波此得教学用具有限责任公司项目情况梳理

信息3：沟通相关信息和现场查看

时间：昨天下午

内容：根据与董事长及财务人员沟通记录整理及现场查看结果

1. 企业基本情况。

啊波此得教学用具有限责任公司前身是一家校办企业，成立于1985年，2008年资不抵债，无法经营时改制，改制后注册资本300万元，改制前的10名员工各占比10%，2017年增资到1 000万元，2018年增资到3 000万元。增资过程中，各出资人出资比例维持不变。公司注册地址位于A市SS区DD镇FF路，自购土地修建办公楼800平方米和仓库2 000平方米，累计投入520万元，款项全部付清，新办公楼和厂房于2020年9月投入使用，2020年9月之前，企业租赁3公里以外的其他企业的办公室和仓库。

2. 主营业务

公司主要经营销售教学用品，含物理、化学、生物、地理、数学、音乐、体育、美术、卫生、自然等学科的教学仪器，教学用实验室仪器设备、幼儿教学仪器设备、销售教学用化学试剂、玻璃钢制品、塑料制品等。

3. 上游

企业在教学仪器设备等的采购上，合作厂家约100家，主要分布在江西、浙江等地，如XX光学控股有限公司、XX科技发展有限公司、温州XX教育设备有限公司、宁波XX仪器有限公司，厂家给予的信用额度较小，账期也较短。

4. 下游

下游客户主要是全国各地教育主管部门的教育器材采购部门，项目货款普遍分期支付，从发货开始计算，一般在两年内付清，第一年收款约70%。合作方式基本上都是政府采购部门挂牌招标，企业中标后与政府教育器材采购部门签订供货合同，企业根据合同送货，然后政府采购部门将货物分送到相关学校。学校教具的采购经费主要来源于地方财政拨款，目前地方财政资金较紧张，公司回款受到一定的影响。

5. 公司员工

管理人员5人，技术人员15人，工人30人。10名股东中，仅张四和李五从事经营管理工作，张四任董事长和总经理，李五任财务负责人，各股东之间没有亲属关系，虽然其他股东没直接参与管理，但是另外有3名股东的孩子在公司工作，从事营销方面的工作。

6. 经营情况

收入全部报税，一般是收款之前开具发票。这几年收入稳定在4 000万元左右：2019年申请的增值税收入4 306万元，缴纳增值税64万元；2020年申请的增值税收入4 147万元，缴纳增值税62万元；2021年1—11月申请的增值税收入3 738万元，缴纳增值税57万元。所得税报税收入和增值税相同，应纳税所得额每年在20万元以内，缴纳所得税在5万元以内。

应收账款近几年持续增加，目前在 2 000 万元左右。库房里的存货，种类多但是不值钱，一般是有了订单才组织购货。应付账款维持在 500 万元左右。

毛利率不稳定。垫资时间越长的项目，毛利率越高，最高的超过 30%；不垫资的项目毛利率就低，需要分拣的不垫资项目，毛利率在 15% 左右，毛利率最低的是不需要垫资也不需要分拣的项目，厂家直接发货到学校，这种毛利率在 3%～5%。

每年实际利润在 100 万元左右，每年支付股东约 100 万元。

7. 资金需求

SD 县教育体育局项目，中标金额 620 万元，没有预收款，供应商垫资不超过 100 万元，企业还需要准备资金 400 万元。

8. 诉讼事项的解释

有几个教育体育局机构委托当地平台公司为采购单位，付款期限严重延期，企业就起诉了。

9. 现场查看

办公楼、仓库比较新。库房货物堆放整齐，单类存货数量不大，品种繁多，全是教学教具和实验用具，比如比较大的三角板、量角器、地球仪、烧杯、试管等，但是无法核实存货价值。

"企业赚的什么钱？"等潘林说话前，我问大家。

王伟："购销差价。"

张航："关系钱。"

刘源："关系钱、垫资的钱。"

李亮："关系钱、垫资的钱、辛苦钱和通道钱。"

"购销差价是利润来源，不是赚钱的实质。"潘林说，"我赞同李亮的说法。"

"李亮，再你详细说一下。"我说。

"不同的毛利率背后是不同的业务模式，从记录的信息看，企业至少存在3种业务模式，分别对应挣的另外3种钱：第一种，'垫资时间越长的项目，毛利率越高，最高的超过30%'，采购资金由地方财政支付，若地方财政资金紧张，则提高结算价款以延长付款期限往往是通用的融资方式，这部分业务企业主要是挣垫资的钱。第二种，'需要分拣的不垫资项目，毛利率在15%左右'，这部分就是分拣业务，主要挣的是辛苦钱。举个例子，一个学校需要50个篮球、10张黑板、30个三角板、20个生物标本、20个地球仪、30只烧杯、5台显微镜，这些产品由不同的制造厂家生产，如果学校直接找厂家采购，就要去找篮球教具厂、黑板教具厂、三角板教具厂、生物标本厂、地球仪教具厂……结果就是沟通成本非常高，单价也会高。

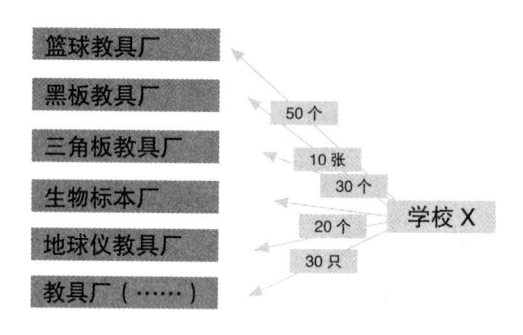

图 11　学校直接采购

"啊波此得这类公司可以将多个学校的需求集中后，汇总向不同厂家采购，收到货后，再按照每个学校的需求分拣，将每个学校需要的所有产品打包发到学校。

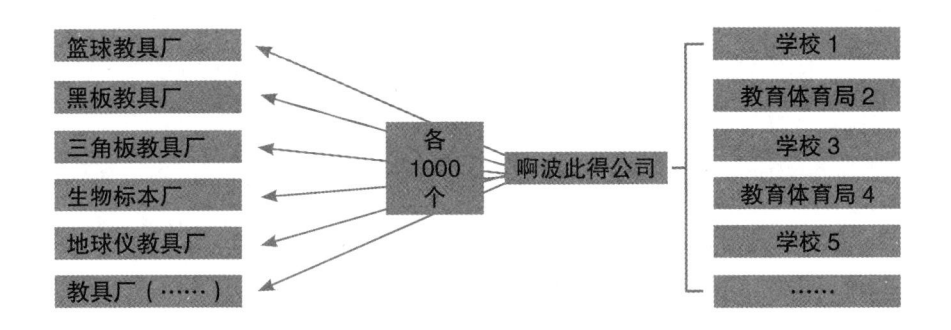

图 12　啊波此得公司"分拣"业务

"第三种，通道钱就是厂家直接发货到学校的那部分，如果不垫资，3%～5%的毛利率扣掉税收后，企业就只挣一个通道费而已，这部分主要是单价较高的产品且财政付款较快。"李亮说完看着我们，"有没有问题？"

"我是打酱油的听众。"王伟自嘲。

手机响了，接电话，领导有事找我，"我先去领导办公室，你们继续！"

十分钟后我回到位置上，他们的讨论已经快结束了。

"那我们还是汇总一下和报表相关的信息。"潘林已经做好记录的准备。

王伟："长期资产的价值应该就是之前亮哥说的 500 万元。"

张航："年收入 4 000 万左右，肯定都要报税。若以发货确认收入，普遍账期是两年，第一年收款 70% 的话，应收账款应该在 3 000 万元左右。"

刘源："存货 50 万元以内，应付账款 500 万左右待核实，另外 50 个员工，人工成本全年应该不超过 500 万元。"

"可不可以通过增值税，大致计算一下毛利润呢？"王伟问。

"可以，但是民营企业，这个往往不太准确，而且企业这两年投建厂房资产，增值税反推毛利润，也存在不妥之处。"李亮回答，"懂吗？"

"又扯远了。"潘林说。

"把之前讨论的信息汇总到一起，差不多就可以形成一张资产负债表，有没有遗漏比较重要的科目？"潘林看着大家，一脸坏坏的表情，"嘿嘿，如果没有的话，我就把大家推测的数据整理打印了？"

"收入都要报税，一年收入4 000万元左右，三种销售模式下的销售结构不清楚，利润表就没法详细推测，"李亮说，"按照企业的业务模式，其他科目金额应该不大吧？预付账款？预收账款？这个没办法推算，但是金额应该不大。应付职工薪酬？应交税费？业务附带的东西，金额应该也不大……应该没有遗漏重要科目吧？"

"那我整理打印出来，"潘林坏笑着回到他的座位上，把数据录入电脑，编制大家心中的报表。

"这个项目比较简单，很容易就推测出来！"刘源说。

"我大致晓得怎么一个过程了。"王伟说道。

"就是通过对企业的了解，形成对报表合理的预期……"李亮说。

"来来来，大家看看！"潘林从打印机上拿了一沓纸过来。

我们接过整理出来的报表看了起来。

表18 心中的资产负债表

单位：万元

科目	金额	科目	金额
货币资金	20左右	短期借款	150
应收账款	3 000	应付账款	500
存货	<50	实收资本	3 000
其他应收款	>2 000		
长期资产	500	？？？其他	？>1 920
合计	5 570	合计	5 570

"货币资金20万元左右，应收账款3 000万元，存货小于50万元，其他应收款是虚增出资，应该在2 000万元到2 700万元之间，长期资产是土地和厂房，500多万元，借款150万元，账款应付500万元，实收资本3 000万元和其他应收款抵消2 000多万元……"李亮边看边读着，"其

他？其他 1 920 万元，这个是啥？"

"我问你这个是啥？负债和权益还差 1 920 万元，报表才平。"潘林笑着说。

"啊？"李亮满脸疑惑。

"是留存收益？还是负债？还是我们弄错了——股东出资到位了？"潘林问。

"出资肯定没到位。"李亮坚定地说。

"潘哥，是啥？"张航问潘林。

"我不晓得，可能是负债，可能是留存收益。"潘林回答。

"师父，你真不晓得？"王伟问潘林。

"我真不晓得！"

"那你为啥坏笑？"

"我坏笑了吗？我没坏笑啊，我是开心地笑。"潘林说着说着反而严肃起来，"这就是我们编制心中的报表的意义：在尽可能充分了解企业业务的情况下，推导报表构成，进一步发现问题。心中的报表不一定是完美、完整的报表，发现异常，是好事情。"

44 报表三问
企业财务报表2

"可以看报表了吗?"刘源问潘林,"心中有报表了?"

"哈哈,看呗!"

"你手上另外那张纸,是不是企业的报表?"李亮问。

"是的。就在刚才我们讨论的时候,企业把报表发给我了,几乎和99%的中小企业一样,只有资产负债表和利润表。"潘林一边说一边把打印好的企业报表发给我们。

表 19-1　企业的资产负债表

单位:万元

科目	今年11月底	去年年底	科目	今年11月底	去年年底
货币资金	36	52	短期借款	150	150
应收账款	2 132	1 826	应付账款	517	578
存货	1 012	1 320	其他应付款	15	10
其他应收款	85	80	实收资本		
固定资产	496	520	留存收益	3 000	3 000
				79	60
合计	3 761	3 798	合计	3 761	3 798

表 19-2　企业的利润表

单位:万元

项目	今年1—11月	去年
主营业务收入	3 738	4 147
主营业务成本	3 194	3 447

续表 19-2

项目	今年 1—11 月	去年
营业税金及附加	20	23
经营费用	379	537
管理费用	120	112
财务费用	6	7
营业利润	19	21
所得税费用	0	5
净利润	19	16

"报表三问。"刘源说。

"企业财务人员给我强调，只有一套报表，就是报税的报表，也明确给我说，以开票确认收入，股东以前的出资到位了，今年没有增资，对股东有利润分配，走的是费用科目。"潘林回答刘源。

"什么报表三问？"王伟不解地看着刘源和潘林。

"三问就是拿到企业的报表时，必须问清楚三个问题：第一，报表类型是什么？是给银行的报表、报税报表，还是内账报表？第二，收入确认的方式是什么？是开票确认收入，还是发货确认收入，还是按照其他方式确认收入？第三，报表期间内有没有增减资本？有没有分配利润？"刘源继续对王伟说，"哈哈，你可以记一下笔记。"

"就是要搞明白会计政策和会计估计？"王伟问。

"不完全是。总体来说就是要搞明白报表的大致类型，同时把资产负债表和利润表的勾稽关系理清。当然，我们没必要细化到应收账款不同账龄计算减值准备的比例，也不必精细到固定资产的折旧政策……"刘源回答。

"等等！"王伟打断，"刚才说的报税报表和内账报表很好理解，还有专门给银行的报表？"

"这个太普遍了。"刘源微笑着说，"企业提供报表的目的是能够融资，但是，绝大部分中小企业的经营数据难以融资，或者很难达到老板内心的融资额度。怎么办？对报表进行'修饰'，虚假的报表满天飞，甚至还有虚假的对账单、虚假的台账、虚假的合同……担保做久了，见多了，也就习惯了。"

"那……"王伟还想继续问。

李亮打断说道:"仅仅从报表数据看,这是一个很适合我们的项目:主营业务收入 4 000 多万元,净资产 3 000 多万元,500 万元左右的长期资产抵押给我们,申请贷款 500 万元,而且还要置换原有抵押贷款 100 万元,实际上总体金融负债只增加 400 万元;报税利润每年 20 万元左右,如果真如同企业所说,有虚增的费用,那真实的利润比报税的还要高……但是,经过刚才的分析,我怎么觉得报表中隐藏着我看不透的诡异呢?"

"亮哥,你都看不透?"张航笑着说。

"我们先和'心中的报表'比较一下,再分析。"刘源说。

表 20　对比分析

单位:万元

科目	心中报表	企业报表	异常科目
货币资金	20	36	
应收账款	3 000	2 132	异常
存货	50	1 012	异常
其他应收款	2 000	85	异常
长期资产	500	496	
资产合计	5 570	3 761	
短期借款	150	150	
应付账款	500	517	
其他应付款		15	
实收资本	3 000	3 000	
留存收益		79	
? 其他	1 920		异常
负债和权益合计	5 570	3 761	

"应收账款和存货的异常非常好理解,企业报表是以开票确认收入,我们是按照发货确认,所以,发出未开票部分,我们放在应收账款上,企业放在存货上,品叠后考虑差异不大,这个异常是正常的差异。"李亮说,"核心问题还是实收资本的问题。企业的报表是实缴资本 3 000 万元,我们讨论后认为钱只是到企业转了一圈,至少有 2 000 多万元的缺口,我们

以为转出后会在资产上虚增，可是企业的报表上，没有一个虚增的资产科目。"

"难道有未体现的负债？"刘源说。

"反正打死我都不相信股东投了这么多钱。"李亮说。

"晓老师，我们的讨论哪里出问题了？"刘源问。

"我觉得没问题，只是你心中的疑惑，需要看账才能解决。"我回答。

"那我就去看2017、2018年的账，就看看增资的钱进来后是怎么转出去的。"刘源说，"潘哥，这个项目看账的时候把我叫上。"

"可以！明天就去！"潘林回复刘源的同时，大家陆续把椅子拖回自己的座位，只有王伟还坐在我的面前。

45 所有者权益
企业财务报表 3

"晓老师,你拿到报表后,先看什么?"王伟问我。

"所有者权益。"

"我不是说我们讨论的这个项目。"

"我也没说我们讨论的这个项目。"

"所有项目?"

"所有项目。"

"资产减负债等于所有者权益,那就是看资产和负债?"

"不!"

"那看?"

"就看所有者权益!"

"怎么看?"

"三看!"

"一看?"

"一看留存收益的增加,结合利润表和三问中的第三问,判断报表间的勾稽关系。"

"嗯哼?"

"留存收益的当年增加 = 当年净利润(利润表) - 当年计提的利润分配。从啊波此得公司的报表来看,留存收益的增加额为 79 万元 - 60 万元

= 19 万元，利润表中当期净利润为 19 万元，而企业当年也没有分配利润，所以，资产负债表和利润表之间的勾稽是合理的。判断资产负债表和利润表的勾稽关系，是继续把报表看下去的首要前提。"

"二看？"

"二看股东的投入和经历，判断出资是否到位，出资实不实，或是否有隐性负债。"

"嗯哼？"

"我们要理清每一次出资的时间、金额、出资方式，特别是增资，要看穿背后的行为实质。我们和 CPA 的审计很不一样的是，CPA 要看审计的对象，审计的对象决定了审计工作的范围，一般来说，审计的对象就是会计主体。举个例子，如果一个自然人出资成立了 3 个主体经营不同的业务，这次委托审计的只是其中一个主体，那审计工作一般不会拓展到另外两个主体和出资人。"

"那出资是否到位怎么看？"

"从 CPA 的角度，出资人或股东账户的钱转到企业作为出资款，只要后续没有转出，那就是出资到位，这个钱就是实收资本或股本。我们不一样，因为中小企业的独立性问题，我们担保的对象更多是实际控制人，所以，在资本金的分析上，我们不但要做 CPA 的工作，还要判断出资股东的经历是否能支撑其合理地拥有该笔资金，这样做是为了判断是否有隐性负债。"

"啊波此得公司？"

"用这一点来分析啊波此得公司，我完全赞同李亮对实收资本的分析。如果啊波此得公司的报表按照我们经常遇见的处理方式，在其他应收款中转出 2 000 多万元的出资款，或者虚增 2 000 多万元的存货，都可以理解，这对我们来说也是正常的，更是我们乐意看到的。但是，啊波此得公司的报表不是这样，每个科目都不多，甚至报表看似完美，而完美的掩盖背后，一定藏着我们未知的事情，这就是最大的问题。"

"报表上有没有未反应的负债？"

"很有可能。"

"三看？"

"三看投入和留存收益，结合净利润和分红，判断合理性和企业盈利能力。"

"嗯哼？"

"抛开直接计入所有者权益的利得和损失——当然这个在当前中小企业的会计核算上也很难遇到——并且股东又没有以往来资金投入公司的前提下，那么，从所有者权益科目的构成，结合历年的分红信息，可以说出这个企业资本积累的故事：初始有多少钱？赚了多少钱？分了多少钱？又投入企业多少钱？赚的钱在留存收益中还有多少？我们要做的，就是判断这个故事是否符合常识。"

"比如？"

"就拿啊波此得公司提供的报表来说，可能是这样一个故事：14年前，一个校办企业在资不抵债的时候改制，10位老员工把企业承接下来，并在10位平均持股的股东的齐心协力下，10年累计分配利润（或以费用的形式）超过3 000万元，但这个过程中公司的净资产维持在300万元以内。在改制后的第九、第十年，10位股东突然又将赚的钱中的2 700万元增资到公司，不过，增资后公司的收入和原来300万元净资产时的收入相当，截至目前，公司累积净资产达到3 079万元，且每年实际利润约达到100万元……这个故事让我觉得不合理、很奇怪。"

"确实不合理。"

"另外，我们要简单计算一下，判断资本投入产出是否合理。"

"这个我知道，就是看权益，结合净利润，计算净资产收益率。比如啊波此得公司就算考虑费用化的股东分红后一年有100万元的净利润，但3 000万元净资产，净资产利润率只有3%，不如到银行存定期。"

"对贸易企业来说，你说得有道理。"我对王伟说。

46 和书上一样的东西
企业财务报表 4

"看了所有者权益后，再看什么？"王伟继续问。

"如果初步判断报表逻辑没问题，就和心中的报表去对比。"我回答王伟，"报表分析 90% 的工作，是在拿到报表之前完成的。就是昨天潘林和银行打电话，你去查资料，下午和老板见面，以及今天上午潘林带着你们做的事情。"

"形成心中的报表？"

"是的。拿着企业提供的报表，怀揣着它和心中报表的差异，我们才知道下一步如何沟通，确定查账、调查的方向、方法和重点。"

"好像和书上说的不一样？"

"也没有太大的差别。书上说的可能更多集中在对一个没有问题的财务报表，如何去计算、分析各种指标方面的内容。比如，看资产负债表，要看资本资产结构，是三'上'中的哪种'上'，是三'土'中的哪种'土'，这又回到财务管理的相关知识。其实，我们在确定报表没有问题后，对报表的分析基本上也是和书上一样的东西，但侧重点不同，要考虑我们的目的。书上学得到的内容，我就不展开了。"

我看了一眼手机，差不多中午 12 点了。"走，中午吃豪华面，我请客！"

到达面馆，人不多，8383 号。

"晓老师，三'上'和三'土'是不是这样？"刚坐下，王伟就拿着筷子蘸着茶水在饭桌上画着。

图 13 三 "上" 图

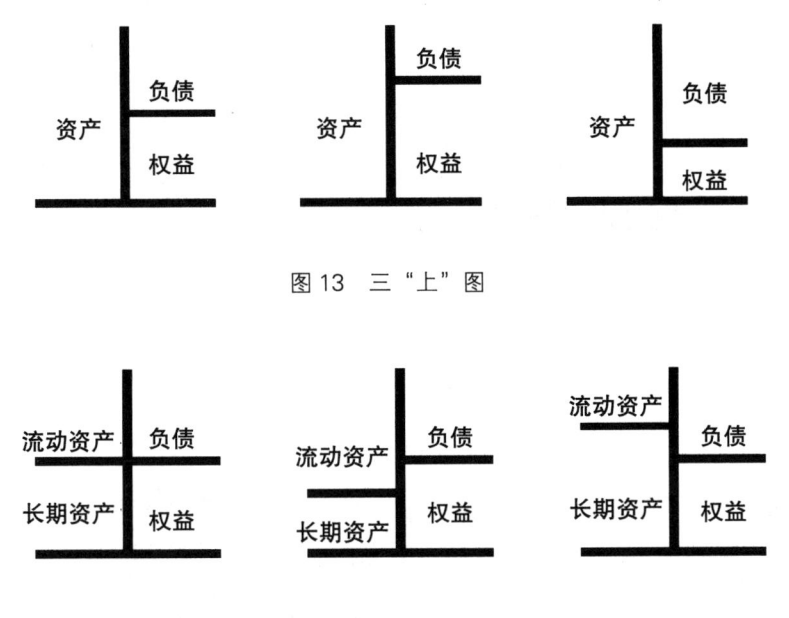

图 14 三 "土" 图

"是的！"

47 最简单的科目？
货币资金尽调

周五中午，还不到下午上班时间。

我刚准备闭着眼睛休息一会儿，刘源和王伟走进办公室。

"我晕哦，晓老师，搬办公室把电脑搞坏了，以前年度的账套打不开了，2019年以前的凭证也搬丢了，你相信不相信？"很明显，刘源说话时带着情绪。

"你说的是啊波此得公司？"我问道。

"嗯。"

"上午你们去看账了？"

"看了。但是只看了最近两年的。我想看一下2017、2018年的账，核实增资的钱进来后是怎么转出去的。不过，财务说以前的账套打不开了，2019年及以前年度的凭证在搬到新厂的时候搬丢了。"刘源做出无奈的手势。

"然后呢？"

"然后我去税控系统把企业申报的报税报表导出来，和昨天给我们的一致，增值税开票系统导出来销项税发票明细，都是开给学校和教育体育局的，汇总金额和报表也一致。财务软件里面确实只有最近两年的账，建账时间是2019年年底，看了这两年的账，和昨天传给我们的报表对比了一下，表账一致，昨天的报表确实是报税报表。因为都是报税的，我觉得没啥看头，就把这两年科目余额表导出来了，然后，让王伟抽查了一些收款和付款的凭证，抽查了一些合同，看不出啥问题。"

"潘林没去？"

"潘哥？他说他去看最简单的科目，然后坐在出纳那里看了一上午网银。"

"哈哈哈哈，你安排他看的货币资金？"

"他自己安排他自己，与其说是看网银，还不如说是聊天去了。一上午都在和出纳聊天，而且聊得最多的就是爱奇艺上那个什么《谁是凶手》，还有就是最近热播的韩剧。哎呀，我的潘哥……"

"出纳妹妹？"

"嗯，估计刚从学校毕业没多久。"刘源说完就往外走，"我去上个厕所。"

潘林坐到自己的座位上，我看着潘林，潘林笑而不语。

"差不多了？"

"差不多了！"潘林回答我。

"现在？"

"我整理一下。"

"那上班后说，我先闭目养神。"

"咳咳，咳咳！"潘林的咳嗽声把我从半睡半醒状态带回到现实，我坐立身子，扭头看了下潘林，潘林直勾勾地看着我，"晓老师，可以了。"

"来，来，来，把昨天没说完的说完。"

"啥？"李亮问。

"昨天讨论的项目，潘林他们上午去看账了。"

"等会儿还要参加工会的羽毛球活动。"李亮说。

"那潘林就直接说吧，刘源和王伟补充。"我说。

"哈哈哈哈……"刘源笑了起来。

"你笑什么？"

"潘哥，晓老师让你直接说！"刘源有点幸灾乐祸的样子，"你说说一上午和出纳妹妹都在聊什么？爱奇艺上那个什么《谁是凶手》？或者，你也可以说一下网银上的资金余额。"

"哈哈哈哈，小看我了。"潘林也笑了。

"哦？"

"那我就说一下我上午货币资金调查的 10 个重大发现吧。"

"10 个？还重大发现？你就吹吧。"刘源不屑地看了一眼潘林。

"第一个是资产负债表日账户资金余额。资金余额没有大问题，今年 11 月 30 日，账户资金余额 36 万元，全部在基本户，和报表金额一致，去年 12 月 31 日，账户资金余额 42 万元，报表金额 52 万元，系当天出纳取出 10 万元用于元旦职工福利，当天没有处理，这也不是问题。另外，企业有两个账户：一个基本户，一个一般户。两个账户的网银我都看了，所有的销售回款都回到基本户，一般户近两年基本上没有流水。"

"这个是常规发现，最多说 3 点。"刘源嘀咕着。

"第二个是日均存款余额。日均存款余额不超过 50 万元，我把最近一年的流水导入 Excel，详细地看了账户余额，在绝大部分时间里，企业的账户余额不超过 50 万元，与年均 4 000 万元的销售收入相比较，资金余额明显偏低。我个人觉得，日均存款余额没有一两百万元，很难支撑 4 000 万元的销售规模。"

"销售没收到钱？"张航问。

"第三个是销售回款。今年 1～11 月销售回款 3 923 万元，去年销售回款 4 513 万元，付款单位基本上是地方财政部门、地方平台公司或者学校，付款单位没有问题，回款金额大致等于销售收入加增值税销项税加应收账款的减少。"

"收到钱了！"张航说。

"第四个是非销售现金流入。今年 1～11 月，除销售回款外，其他非销售收款的往来款金额接近 2 500 万元，所以，基本户的流水 6 500 多万元，和银行表述的一致。而其他非销售收款的转入款项中，CQXX 实业公司、WHXXX 投资公司分多笔向企业转入的款项合计 2 090 万元。企业在收到这些款项后，均在当天分十几笔或几十笔不等，转给了江西、浙江等地区的公司，如某某光学控股有限公司、某某科技发展有限公司、温州某某教育设备有限公司、宁波某某仪器有限公司等。"

"你看流水怎么知道这两家公司是非销售回款？"李亮问。

"上午，他问了我账上确认这两家公司的收入情况，零确认。"刘源说。

"呵呵，原来是这样，"李亮说，"我明白了！"

"第五个是收款后异常支付。今年 1～11 月，销售回款 3 923 万元中，有 14 笔回款，合计金额 2 216 万元，涉及 6 个项目，在收到款的 2 个小时内，将款项扣除 5%、6% 不等金额后转账给了 CQXX 实业公司、WHXXX 投资公司。由于时间关系，去年的信息没有统计。"

潘林一边说，一边把打印好的统计结果递给我们。

表 21　收付款特殊事项

单位：万元

序号	收款金额	笔数	项目	转账金额	转账企业	转账金额/收款金额
1	673	4	A	639		95.00%
2	285	2	B	271	CQXX 实业公司	95.00%
3	138	2	C	131		95.00%
4	680	3	D	639		94.00%
5	240	2	E	226	WHXXX 投资公司	94.00%
6	200	1	F	188		94.00%
合计	2 216	14		2 094		94.49%

"这些项目都不是企业的！"刘源说。

"第六个是收款后紧急支付。今年 1～11 月，销售回款 3 923 万元中，有 7 笔回款，合计金额 1 406 万元，涉及 3 个项目，在收到款的当天分十几笔或几十笔不等，转给了江西、浙江等地区的公司，这部分公司和非销售现金流入事项中的转款企业有很大部分是重复的，如某某光学控股有限公司、某某科技发展有限公司、温州某某教育设备有限公司、宁波某某仪器有限公司等。由于时间关系，去年的信息没有统计。"

"这些才是企业自己的业务。收到了当天就转账支付给了供应商，不难想象，供应商催款催了很久了。"李亮说。

"第七个是还款资金归集。今年归还银行的 150 万元贷款，主要还款资金来源于董事长个人银行卡转入，转入资金 140 万元，银行新一轮贷款发放后，企业向董事长个人银行卡转款 141 万元。"

"贷款是公司在用，还款需要周转，周转资金有成本。"张航说。

"第八个是工资支付。每月工资发放中，有 20 人的月工资完全固定，连续两年没有任何变化。"

"股东要求的利润分配？公司实际人数 30 人？"

"第九个是节假日奖金的支付。去年春节，公司发放奖金 24 万元。"

"奖金不高，去年业绩不好？"

"第十个是和担保、小贷、个人及诉讼费相关的支付。去年 4 月至 11 月，今年 3 月至 9 月，在每个时间段，存在企业向两家律师事务所支付多笔费用的情形，支付摘要为律师诉讼费。有规律的是，在支付每一笔律师诉讼费前，CQXX 实业公司或者 WHXXX 投资公司都会向企业转入等金额的款项。"

"完全明白了,我觉得企业还可以嘛,哈哈哈哈。"李亮笑着说,"张航,打羽毛球去,今天下午我俩打男双。"

"我还没搞明白!"张航说。

"我给你说明白!"李亮把张航从椅子上拉了起来。

"刘源同学,有没有 10 个呀?"潘林转向刘源笑着问。

48 再说一个科目
应收账款尽调

"我一般就这样开展货币资金的尽职调查工作,你真以为我一直在和出纳妹妹聊剧吗?"潘林反击刘源,并接着说,"我觉得你今天误导王伟了。"

"我误导王伟了?"刘源问,"哪里误导了?出纳妹妹推翻了你当师父的人设了?哈哈哈哈,开个玩笑。"

"师父,我晓得源哥在和你开玩笑。"王伟说。

"说正事。"潘林继续说,"我说的是应收账款的尽调方法误导他了!"

"应收账款的尽调方法?"刘源和王伟异口同声。

"你今天带着王伟怎么核实应收账款的?"潘林问。

"用审计的语言,从担保或者说信贷的角度,应收账款的存在比应收账款的完整性更重要,同理,在计价和分摊的认定上,追求的不是准确,而是宁愿低估,也不要高估。这个没问题吧?"刘源说。

"没问题!"

"所以,我核实应收账款就从账上的应收账款余额表出发。"

"也没问题!"

"我就核实余额较大的,还有就是余额虽然不太大但账龄较长的应收账款。"

"还是没问题!"

"所以,先要编制账龄分析表。"

"假设现在已经选中了某客户,这个客户就是你觉得需要核实的客户之一。举个例子:某客户应收账款期末余额是 500 万元,本期借方发生额 1 800 万元,贷方发生额 1 720 万元,期初余额 420 万元。你接下来要做什么样的工作?"潘林继续问道。

表22 应收账款余额表—某客户

单位:万元

客户名称	期初余额	借方	贷方	期末余额
某客户	420	1 800	1 720	500

"抽查合同、发票、收款凭证。"

"怎么抽?"

"选大额的合同、大额的发票甚至所有的发票,大额的收款凭证抽查。"

"在哪里选?"

"该客户的应收账款明细账里面看!"

"点开明细账,全是确认该客户的应收账款和收款的记录。抽哪些?"

表23 应收账明细账(某客户,简版)

单位:万元

月份	凭证号	科目名称	摘要	借方本币	贷方本币
1	25	应收账款	确认销售收入	260	
1	28	应收账款	收到货款		100
2	27	应收账款	确认销售收入	100	
2	30	应收账款	收到货款		260
3	26	应收账款	确认销售收入	110	
3	29	应收账款	收到货款		100
4	30	应收账款	确认销售收入	140	
5	24	应收账款	确认销售收入	160	
5	33	应收账款	收到货款		250
6	26	应收账款	确认销售收入	110	
6	27	应收账款	收到货款		160
7	27	应收账款	确认销售收入	120	
8	25	应收账款	确认销售收入	110	
8	29	应收账款	收到货款		230

续表23

月份	凭证号	科目名称	摘要	借方本币	贷方本币
9	29	应收账款	确认销售收入	70	
9	30	应收账款	收到货款		110
10	31	应收账款	确认销售收入	240	
11	32	应收账款	确认销售收入	200	
11	28	应收账款	收到货款		310
12	28	应收账款	确认销售收入	180	
12	32	应收账款	收到货款		200

"借方发生额我抽查100万元以上的，贷方发生额我全部抽查。"

"除那个70万元的不抽查外，这个客户你就要抽查20张凭证，先不说工作量，如果抽查出来都没有问题，然后你又怎么做呢？"

"然后就抽下一个重要的客户。"

"哈哈哈哈，逻辑有问题。"潘林看着刘源和王伟。

"啊？"

"你做的所有工作能证明期末余额是500万元吗？"潘林继续说，"你只能证明当期对这个客户实现销售1 800万元，当期向这个客户收款收了1 720万元，但是，你还没有证明期初余额是不是准确的。A + B − C = D，要核实D的准确性，除了核实B、C，肯定还要核实A，对吧？"

"啊？我还要去抽查去年的？"

"去年可能也有期初余额，那你再去看前年的？前年也有期初余额，怎么办？"潘林问，"不可能一直抽查到第一笔交易吧？"

"那怎么办？我们又不可能像事务所那样去函证。"

"抽查前必须找到一个准确的时点余额，然后抽查这个时点余额到资产负债表日之间的重要发生额。如果这个时点余额离资产负债表日越近，那么我们需要做的工作就越少。如果这个时点余额就是资产负债表日余额，那么就不用抽查了。"潘林说。

"时点余额怎么找？"

"三找！"

"哪三找？"

"一找最近对账记录。企业最近和客户的对账记录，是最好的核实某个时点应收账款余额的凭据，这个对账记录可能是双方正式的对账函，也可能是企业确认无误的对方审计事务所发来的询证函，还有可能是双方财务人员在微信或者QQ上的聊天记录……如果这个余额的时点在资产负债表日前，就往后推；如果这个余额的时点在资产负债表日后，则往前推。"

"这个方法可行。如果长期都没有对账呢？"

"重要客户不会长期不对账，如果真的长期没对账，那这个客户可能不重要。"

"可能就有异常？"

"是的！"

"现场要求企业财务人员和客户直接对账，这样可行不？"

"不可行，90%以上的可能会是企业和客户串通好后忽悠你。很简单，为了我们的需求而发生的对账，出发点不是把账对准确，出发点是为了省事。怎样最省事？双方账务没差异最省事。"

"二找什么？"刘源继续问。

"二找双方结算的规律。哪里找？合同上找，账上找。合同上找，合同双方一般会明确付款时间，如月结30天、月结60天等，不过有可能现实中不一定完全按照合同执行；账上找，就是根据过去的结算事实来推测结算规律，主要针对交易频次较高的长期合作客户。还是用刚才说的某客户来举例，把企业和某客户之间的交易与收款按照月度整理。"

表24 应收账款发生（某客户，按月度）

单位：万元

月份	期初余额	借方	贷方	期末余额
1	420	260	100	580
2	580	100	260	420
3	420	110	100	430
4	430	140	0	570
5	570	160	250	480
6	480	110	160	430

续表 24

月份	期初余额	借方	贷方	期末余额
7	430	120	0	550
8	550	110	230	430
9	430	70	110	390
10	390	240	0	630
11	630	200	310	520
12	520	180	200	500
合计		1 800	1 720	

"我好像找到了一点规律。"王伟说。

"什么规律？"刘源问。

"12月收到的刚好是11月的销售额，11月收到的刚好是9月和10月的合计销售额，9月收到的是8月的销售额，8月收到的是6月和7月的销售额，6月又收到的是5月的销售额，5月收到的是3月和4月的销售额……按照这个规律，我觉得企业12月末应收某客户的账款余额，应该就是12月的销售额，即180万元。期末500万元存在异常，异常原因应该可追溯到之前年度。"

"王伟说得对。"潘林说。

"三找什么？"

"三找期后事项。一般而言，我们拿到的报表的资产负债表日是我们尽调日之前3个月之内的，如果资产负债表日后，尽调日之前，企业收回了该笔应收账款，那也足以证实资产负债表日该客户应收账款余额的真实性。"潘林说。

"听潘哥这样说，我豁然开朗。"刘源说。

"师父，我也明白了！"王伟说。

"我才说了一半！"潘林瞥了他们一眼。

"啊？还有一半？"

"现在只核实了应收账款的资产负债表日余额，还没判断这个余额收回来的可能性。"潘林笑着说，"对大额的应收账款，我们至少应该在网上搜索一下客户的相关信息，看看客户的涉诉情况，有没有负面消息，所在行业是否存在塌陷的风险,这个是非常重要的。对于账龄较长且逾期较长的应收账款,那就要更加慎重了。"

49 账上的不一定是企业的
相关的报表

"晓老师,晓老师!睡着啦?"潘林叫我。

"没有呢,我一直在听你们讨论。"我回复潘林,其实我差点睡着了。

"刚才师父给我讲了应收账款的调查方法……"王伟说。

"给我们讲了,"刘源打断,"给我们。"

"哈哈哈哈,潘师父今天上午亲自演示了货币资金的尽职调查,又给你们讲了应收账款的尽职调查要点,学习了哇?"我问。

"确实学习了,每个科目都能讲一下就好了。"

"每个科目都讲一下,估计66节都写不完了……"

"啥66节?"

"我回来啦!"张航急匆匆地向我们跑过来,"还好你们没走!"

"你不是和亮哥打羽毛球去了吗?"刘源问。

"哎呀,心里挂着事儿,打不安逸。"张航急停在刘源面前,"你起来,去看看你导出来的科目余额表,是不是其他应收款或者其他应付款的借方、贷方发生额都比较大,亮哥说至少在2 000万元以上。"

"叫一声'哥',我去看!"

"哥、哥、哥,快!快!快!"

"唉、唉、唉!"刘源一边答应,一边站起来,张航推着他。

"其他应收款,期初余额80万元,期末余额85万元,本期借方发生额280万元，贷方发生额275万，上午我看了明细账，这个主要是投标保证金。其他应付款余额很少，十几万元，我就没看明细账了……"刘源看着电脑，滚动着鼠标，"其他应付款的借方、贷方发生额都有2 000多万元，我再看一下去年的……"

"不用看了，肯定也不低于2 000多万元。"潘林说。

"对对对！也是2 000多万元。"刘源回答。

"李亮是完全想明白了的。"潘林说，"他确实很聪明！"

"潘哥，给我们复盘一下这个项目吧！"张航走过来。

"师父，我也有些地方没弄明白！"王伟看着潘林。

"晓老师，我说吗？"潘林看着我，并向刘源那边挤眼睛。

"刘源同学，你想明白没有？"我问刘源，"如果你想明白了，你就来说一下。"

"我差不多想明白了，"刘源也走过来，"那我就说说，不当之处请指教。"

"这么客气！"潘林笑了。

"那我就开始说了。2B、2C看性价比，一和品质相关，一和品牌相关。那2G看什么呢？如果是传统的建筑、劳务服务、物资采购等非专业性很强的需求，那就一定看招投标。哈哈哈哈，我说看招投标自己都想笑，你们都懂吗？"

"都懂，你继续！"潘林回应刘源。

"只要涉及招投标，那就避不开挂靠。'挂靠'这个词在建筑行业里面普通得不能再普通了，但挂靠这个事又不仅仅发生在建筑行业，比如上午去看的啊波此得公司，CQXX实业公司和WHXXX投资公司与它的业务关系就是挂靠和被挂靠关系。当然，也可以美其名曰合作，啊波此得公司与CQXX实业公司、WHXXX投资公司的合作。"刘源继续说。

"你也明白了！"潘林说。

"我只是恶意揣测哈，"刘源客气道，"他们之间的合作关系应该是这样的：CQXX实业公司或WHXXX投资公司背后的实际控制人，通过'努力'，以啊波此得公司或类似公司的名义去投标项目，项目中标后，在向厂家采购商品付款时，CQXX实业公司或WHXXX投资公司将货款转入啊波此得公司，这就是潘哥说货币资金时提及的第四个重大发现——非销售现金流入。当这些项目收到县教育体育局或学校的货款时，啊波此得公司便在第一时间支付给了CQXX实业公司或WHXXX投资公司，这就是潘哥说的第五个重大发现——收款后异常支付。当然，啊波此得公司会获得回款金额5%或者6%的报酬。不过，从诉讼事项看，可以感觉到CQXX实业公司或WHXXX投资公司的有些项目收款不是很理想，估计是换人了。CQXX实业公司找了一家律师事务所，WHXXX投资公司也找了一家律师事务所，明面上看好像是啊波此得公司有点违背常识，找了两家律师事务所帮自己诉讼催收，实际背后是CQXX实业公司和WHXXX投资公司在处理各自的业务。当然，诉讼费、律师费也应该各付各的，这就是潘哥说的第十个重大发现——担保、小贷、个人及诉讼费相关。"

"哦，我也明白了。"王伟接着说，"拿今年1～11月来说，银行说的6 000多万元的流水，师父看了实际是6 500多万元，其中，销售回款3 923万元，CQXX实业公司和WHXXX投资公司转进来2 090万元，还有其他零星往来款约500万元（投标退款等）。销售回款的3 923万元中，CQXX实业公司和WHXXX投资公司的项目回款2 216万元，企业自己的项目回款1 700余万元。"

"应该是这样的。"刘源说。

"那报表的问题是不是就明了了？"潘林问。

"明了了。"刘源想了想回答。

"嗯哼？"潘林示意他说下去。

"企业的应收账款大部分是CQXX实业和WHXXX投资公司的项目的应收账款，存货绝大部分也是这两家公司项目的发出商品，所以，CQXX实业公司和WHXXX投资公司通过企业压在项目上的钱估计不低于2 500万元（含利润）。按理，这两家公司转入企业的钱应该在报表中其他应付款科目列示，但是，企业巧妙地将实收资本转出的部分也在其他应付款科目中列示，不过列示的是负数，这两个金额绝对值相当，在报表列报时没有重分类，甚至有可能其他应付款科目都没有按照债权人主体记账，所以，品叠后的其他应付款科目余额就小到不足以让你重视它了。"刘源边说边写着。

"亮哥的坚持是对的。"王伟说。

"我们要的资产负债表也就出来了。"刘源让大家看他整理的报表。

表25　担保相关的资产负债表（刘源）

单位：万元

科目	金额	科目	金额
货币资金	36	短期借款	150
应收账款	3 000	应付账款	517
存货	< 50	其他应付款（两家公司）	2 500 左右
其他应收款	85		
长期资产	496	实收资本和留存收益	< 500
合计	3 667	合计	3 667

"如果啊波此得公司没有给CQXX实业和WHXXX投资的项目垫资，且没有通过供应商为这两个公司的项目垫资，那在我觉得我们要的资产负债表可不是你画的这样的。"张航说话的同时，用笔划掉了部分科目。

表26　担保相关的资产负债表（张航）

单位：万元

科目	金额	科目	金额
货币资金	36	短期借款	150
应收账款	500	应付账款	517
存货	< 50		
其他应收款	85		
长期资产	496	实收资本和留存收益	< 500
合计	1 167	合计	1 167

"报表列示可以有差异，但是，大家对企业的经营事实应该有相同认识。报表列示的差异仅仅是稀饭和馒头的不同说法而已。如果要总结一点，我觉得我们应该随时都要注意：账上的不一定是企业的。"潘林说。

账上的不一定是企业的。

"那你怎么看这个项目?"我问潘林。

"唉!抠脑壳。逻辑理顺了,那我还是和企业的董事长摊开谈一下,再了解下资金用途的那个项目情况,看能不能锁定项目回款,沟通一下个人的其他资产和负债,其他股东的信用反担保事情。另外,我还担心股东个人的项目有没有用别人的公司去中标呢?"

50 说一下收入
收入与担保决策

"弱弱地问一句：那两个公司的项目，都是通过企业做的，项目的所有回款也是回到企业账上的，那么，如果我们提供担保，假设担保的贷款逾期了，查封账户收回来的应收账款不也可以用来偿还贷款吗？或者，逾期后，是不是也可以执行应收账款呢？"王伟问道。

"一棵大树长势很好，鸟兽都会聚集过来；大树出问题了，一瞬间，鸟兽都会散开。最先知道大树出问题的，一定是居住在树上的鸟兽。"张航说。

"航兄，这叫良鸟择木而栖和树倒猢狲散。"刘源打断张航说。

"就你聪明！"张航怼了刘源一句。

"张航说得很有道理，特别是这种很多业务不是自己的企业，最典型的就是挂靠较多的建筑公司，平时账上很多钱，但是这些钱都不是自己的，这个钱更不可能用来还贷款。这些年做担保，眼看他起高楼，眼看他宴宾客，也眼看他楼塌了的企业比比皆是，楼快塌了的时候，猢狲们早就散得和企业没有任何关系了。"潘林继续说道，"另外，王伟说的这个逻辑有点瑕疵，我们担保的决策不是看预计保全的回收。"

"哦！"

"还有一点，关于收入。"潘林接着说，"在我们的大脑中，有个收入和担保额度的关系，就是大家经常说的销贷比。比如，一家传统的制造业企业，收入规模 8 000 万元，总体贷款额度匹配在多少合适？"

"1 500万元左右。"

"2 000万元以内。"

"2 000万元高了。"

"有这个销贷比的思维，肯定是没有问题的。"潘林看着王伟说，"但是，不同行业的销贷比不同，同一行业的销贷比也可能不同。因为销贷比和企业的业务模式息息相关。就拿啊波此得公司来说，收入规模4 000多万元，我们觉得多大的贷款规模合适呢？"

"核心实质还是要对收入性质进行分析。"刘源说。

"是的。对收入性质的分析，是很重要的，是套销贷比的前提，不要动不动就去套销贷比。但是，我们最容易忽略的就是对这个收入性质的分析。还是回到之前说的，稀饭和馒头只是一种语言，收入也只是会计语言下的简单阐述，我们给中小企业做担保，一定要看语言背后的实质。"潘林回应刘源。

"哦，我好像明白了，这也是一户一策的原因？"张航说。

"是的，这是一户一策的原因之一。"潘林回复张航，"企业的业务关系千奇百怪，从担保的视角：账上的收入也不一定是企业的，报税收入不一定是企业的最低收入，收入大小和贷款额度之间也没有必然的比例关系。"

"中小企业的特性。"刘源说。

"再举个例子：有A、B、C三家企业，收入分别是9 000万元，8 000万元和2 000万元，一家是建筑公司，一家是给上市公司配套的企业，还有一家传统制造行业的企业。"潘林继续说。

表27　三家企业的收入性质

企业	收入	企业	收入性质
A	9 000万元	建筑公司	企业中标项目大部分为他人挂靠项目，这些项目现金回款账户为分公司账户，由挂靠方控制。自营项目收入2 000万元，收款2 000万元。

续表 27

企业	收入	企业	收入性质
B	8 000 万元	上市公司配套企业	上市公司采购原材料销售给 B 企业，B 企业生产后销售给上市公司，结算时抵消材料采购价款，8000 万元销售收入中，抵减价款 6 000 万元，抵减后收到款项 2 000 万元
C	2 000 万元	传统制造行业企业	经营收入 2 000 万元，收款 2 000 万元

"抛开行业等其他所有因素，我觉得三家公司没有差异。"刘源说。

"所以，收入性质的分析比收入金额更重要。"潘林说，"一定要看收入是不是企业能够控制的，收入是不是能够产生利润，收入是不是能够带来现金流。"

"我个人也觉得收入规模与贷款额度没有必然的比例关系。"我说。

"哈哈哈哈，沉默的晓老师终于说话了！"刘源调侃道。

"大家还记得我们在讨论单个项目决策的逻辑时，你们是怎么说的吗？"我问。

"什么单个项目决策的逻辑？"王伟问。

"说'老夫少妻'项目时候说的。"

"那个时候我还没到部门来。"王伟说。

"你们告诉我的是：尽调时净资产足够大，期间净赚钱为正的能力足够强。如果结合今天你们讨论的，我是不是可以从三个方面理解：第一，担保对象（实际控制人）的净资产足够大；第二，担保对象能控制的业务的净利润稳定持续地为正；第三，赚钱赚回来的是钱，也就是担保对象能控制的业务的经营净现金流为正且持续稳定。"

"是这个意思！"潘林说。

"好像和收入没有直接的关系。"我笑着说。

"啊？"

"潘林同学，如果你还要去和啊波此得公司的董事长沟通的话，你一定要搞明白这 10 个自然人股东平均持股的公司，这次有资金需求的中标是多少620万元的项目是谁的。"我提醒潘林。

"就是谁想贷款（担保对象）？"潘林说。

"还有他能控制什么（担保对象能控制的业务）？"潘林接着说。

"还有他每年净赚钱是多少？（净利润和净现金流）"潘林继续说。

"还有他的资产和负债（净资产）如何？"潘林补充道。

4° 悟创新之道

51 缩小的业务范围

再谈"银行＋担保"业务范围

几天后。

"晓老师，有空没有？"李亮问我。

"有事？"

"请教一下您！"

"这么客气？"我放下手中的报告，心里想，这么客气肯定有事。

"我把你的担保业务范围图修改了一下，我觉得你之前画得不够准确。"李亮一边说一边把手中的几张 A4 纸中的一张递给了我，我接过来并示意他坐下，熟悉的图画又展现在眼前。与我之前的图稍微不同的是，在他的图中，补贴类产品扩大的业务范围随着时间的推移，变得越来越小。因为传统的非产品类业务也在缩小，相应地整个担保公司业务范围仍然是越来越小，图中明确地表达出从更长时间看，补贴类产品也并不能改变担保公司业务范围持续缩小的趋势。

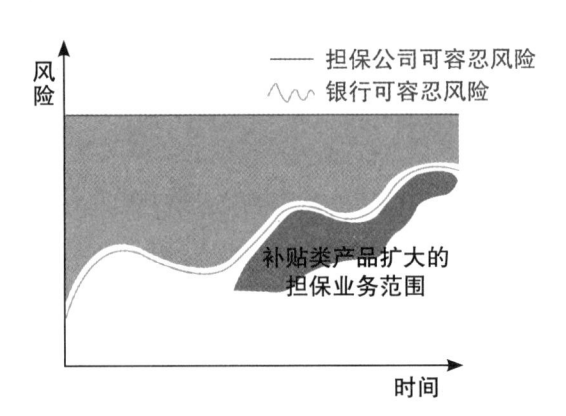

图15 担保业务范围（李亮修正版）

"补贴类产品扩大业务范围会越来越小？这可是与这几年'银—政—担'补贴类产品带来公司业务持续增长的现状相悖。如果你的图没问题，那么非政府性中小企业融资担保公司的未来就不乐观。"我一动不动地盯着李亮，如果他的图是正确的，那……

"我思考了很久，觉得应该是这样的。"

"详细说说！"

"'银—政—担'补贴类产品带来公司业务持续增长不是一种常态，在当前参与银行日益增加、产品模式日益成熟的趋势下，我敢肯定，未来不用太长的时间，扩大的担保公司业务范围会越来越小。"李亮说完等待着我的回应，但看着我的迟疑，就补充道，"这样说吧，我想表达两个意思：一是'银—政—担'补贴类产品带来公司这两年业务的持续增长有其特殊性；二是当前导致特殊性的因素正在逐渐消失，从未来趋势看，扩大的担保公司业务范围应当越来越小。"

"那就一个意思、一个意思地给我讲解。"

"讲解不敢，讨论，讨论！"李亮笑着说道，"晓老师，A市哪个补贴类产品做得最好？"

"信产贷。它是第一个吃螃蟹的补贴类产品，推出来的时间最长，覆盖的企业面最广，这些年发生额也最多，当前余额也还是最大，应该占A市所有补贴类产品余额的50%以上吧。"

"还记得政府刚推出信产贷的时候，有十余家银行参与产品合作，只有EF银行选择了和我们合作'银—政—担'模式，其他银行普遍选择银政模式或银政险模式。因为是信用类产品，银行不能要求抵押物，且有10%的最终损失责任，与他们一贯的抵押物打折或者担保公司全担的风险控制逻辑格格不入，所以，当时很多银行都选择观望。"

"嗯，确实如此！"

"但，对于EF银行和我们的'银行+担保'存量项目来说，信产贷产品能将原本EF银行与我们的3∶7损失分担，调整为EF银行、我们和政府的1∶5∶4损失分担，因为有政府分担部分损失，EF银行损失比例由原来的30%降低到10%，而我们公司的损失比例由原来的70%降低到50%。一个产品能让银担双方的损失都降低，因此我们和EF银行的部分'银行+担保'存量项目，在续授信时，就转入了信产贷产品，这是信产贷产品业务最初的主要来源。仔细想：'银行+担保'存量项目转产品不带来我公司业务的增量，并没有扩大我们公司业务范围，也没有扩大全社会中小企业融资额度。"

"是这样的！"

"对于EF银行原来直接授信并承担100%风险的项目，只要纳入产品中，在担保公司代偿能力和政府损失补偿保证的情况下，其风险损失从100%降低到10%，收益保持不变的情况，风险大幅度降低，所以EF银行愿意将自己的直接授信客户转入产品。而从企业融资成本来看，纳入信产贷产品，虽然增加了2%的担保费，但是，政府补贴LPR的30%和担保费的50%给融资企业，按照当前LPR计算，合计补贴为$3.85\% \times 30\% + 2\% \times 50\% = 2.155\%$，补贴高于担保费，企业实际融资成本反而降低，也是乐意的事情。因此，EF银行直接授信客户转产品，成为给我们公司带来增量业务的一个主要来源。仔细想：这部分业务虽然并没有扩大全社会中小企业融资额度，但是直接扩大我们公司业务范围。"

"嗯，是这样的！"

"对EF银行而言，因为只承担10%的损失责任，基于风险收益相匹配的原则，EF银行可以降低贷款利息，使得信产贷产品补贴后的成本大幅度低于其他银行直接授信的贷款成本。低成本、外加不要抵押物的优势，使得信产贷产品成为EF银行的一个营销利器，所向披靡，不断地把产品推给其他银行的授信客户。这是最近一年信产贷业务的主要来源。仔细想：这部分业务虽然也没有扩大全社会中小企业融资额度，但是直接扩大我们公司业务范围。"

"确实，是这样的！"

"在EF银行和政府的宣传下，也有部分首贷户获得了信产贷产品的融资。这部分业务扩大全社会中小企业融资额度,也扩大我们公司业务范围。"

"是这样的!"

说着,李亮递给我第二张 A4 纸,上面的表格列示了信产贷业务带来的影响,很明显,信产贷促进了公司的业务量增长。短短几年,在 EF 银行的努力下,信产贷产品发放规模持续上升。信产贷产品在数据上的成功让政府其他部门相继模仿,陆陆续续,不同部门、各种名称的产品如雨后春笋般冒出来。也许是 EF 银行重视产品的推广,也许是 EF 银行的地缘优势,几乎所有产品中,他们都能抢占先发优势,而 EF 银行与我们公司的"捆绑"合作,使得我们公司也在 EF 银行持续发力的过程中受益,业务持续增长。

表28　信产贷业务带来的影响

影响方面	银+担存量	EF银行存量	其他银行存量	首贷户
我司担保额度	不变	增加	增加	增加
社会中小企业融资额度	不变	不变	不变	增加
企业融资成本	降低	降低	降低	——

"这两年我们公司新增业务量中 EF 银行占比 70% 以上,和 EF 银行新增的这些业务中,与'银—政—担'补贴产品相关的业务占比 80% 以上。"李亮说着递给我第三张 A4 纸。纸上的表格统计了我们公司最近两年各个银行的新增项目数量及占比,也统计了这些新增项目中"银—政—担"补贴类产品项目的占比,很明显,EF 银行是公司的大客户,而"银—政—担"补贴类产品则是这两年和这个大客户合作的核心业务。

"这就是'银—政—担'产品带来担保业务短期持续增长的特殊性:在产品的推进过程中,优先尝试的个别金融机构,拿着补贴后资金成本更低这个利器,分割信贷市场的资产,而有幸的是,EF 银行和我们公司刚好成为优先尝试的个别金融机构。"

"是这样的!"我觉得李亮说的有一定道理。

"导致持续增长的因素正在逐渐消失也就理所当然了。"

"随着产品日益成熟，更多银行介入，产品也不再成为 EF 银行的专属，特别是其他银行拿着银政模式下的成本更低的资金，直接冲击着 EF 银行和我们公司做的'银—政—担'项目。在这种压力下，EF 银行在与我公司合作的存量项目中，也逐渐去担保化，将'银—政—担'模式转变为银政模式，这种变化，导致我们公司存量项目的减少，直接缩小我们公司业务范围。

"最近两年部分新产品已经取消了'银—政—担'模式，只有银政模式，从某种意义上讲，政府的这种产品，就是担保公司的竞争品，而且成本比'银行＋担保'业务更有优势。所以，从未来趋势看，扩大的担保公司业务范围应当越来越小。"

"我觉得你的图是正确的。"听了李亮的阐述，我微笑道，"按照你的分析，那这是好事情！"

"好事情？"

"好事情！"

"为啥？"

"中小企业融资成本越来越低了！"

"可是，我们……"李亮没有再说下去。

52 我们的工作

担保之本

李亮回到自己的座位上,我拿起未看完的评审报告,思绪却散开了……

信贷违约的社会制衡越来越强,金融机构获得的信息越来越充分,那么,信用发现的信贷逻辑就越来越适用,同时,在支持中小企业的信贷政策越来越多的趋势下,银行去担保化就是必然的趋势。'银行+担保'业务去担保化的结果是在解决中小企业融资贵、融资难的问题,这是好事情!

而李亮没有说下去的是"我们的职业生涯"……

我站起来,环顾办公室,只有李亮和潘林在。

"中午一起去吃面?"

"好的。"李亮的回答有气无力。

"亮兄,把笔记本带上,吃了就不回了,直接去项目!"潘林说道。

李亮和潘林是校友,同一年毕业但不同专业,毕业当年同一批次入职我们公司,到目前也差不多快6年了。职业规划对我这样的老人来说,已经逐渐成为被动式——被职业规划,但是,对他俩来说,规划自己的职业生涯,却正当时。如果担保公司业务范围缩小是趋势,在没有寻到更好的新业务方向时,那确实应该更长远地考虑个人的职业发展了。

中午12点过,还是豪华面馆,8585号。

李亮给潘林简单地复述着他对担保业务范围变化的认识。

"不说了，我知道！"从潘林的回答上，看不出他有一点点担忧。

"你就没担心过自己的职业发展？如同晓老师经常说的，行业决定了企业是否挣钱，那我接着晓老师的话作补充：企业是否挣钱又决定了我们的收入水平，如果行业塌陷，最后影响的还是我们。潘兄，你没考虑过？"

"你想的，我不是没想过。6年前，我们来公司实习的时候，因为老前辈的一句'关注中小企业就是关注民生'，我选择留下来。一晃就是6年。解决中小企业融资难、融资贵是我们的使命，是公司存在的意义，也是我们价值所在。无论是普通'银行+担保'业务的去担保化，还是'银—政—担'产品的去担保化，都降低了企业的融资成本，这不正是朝着我们的使命去的吗？"

"我们所有的努力就是要把自己的行业给消灭掉吗？"

53 潘林的想法
"政—银—担"和"政—担—银"

"你的觉悟才高哟!"李亮洗刷着潘林。

"不是觉悟高,我觉得这很有意义,只要公司仍然以解决中小企业融资难、融资贵为己任,我就一直干下去。而且,我现在还有很重要的事情想做。我有个想法,听不听?"潘林不太在乎未来业务范围的变化,更急切地想把他的一个想法告诉我们。

"不……太……想……听……"李亮对潘林的回应态度有些不满。

"面来了,8585号!"

"这边,老板儿!"

"亮兄对未来业务范围变化的分析有一定道理,不过,未来未至,特别是目前政府性融资担保体系的推进,给中小企业融资担保行业带来了很多不确定性,你也不要太肯定业务范围缩小的变化趋势。"我赞同李亮的分析,但是,谁又能确定未来的变化呢?

"那,我还是听一下潘兄的想法吧!"李亮望向潘林。

"你想听,我还不想讲了!"潘林夹起一口面,塞到嘴里,"嘿嘿,我还是说一下吧。上周我对接了一个YX企业,很优秀。实际控制人张博士毕业后就进了某研究所,在研究所工作了7年后,出来创业,截至今年,创业5年了。他企业的产品是XX,这次需要资金600万元……请教两位,针对企业需要的流动资金贷款，我们选择什么类的'银—政—担'产品？企业融资成本多少呢？"

"信产贷、科创贷都可以，成本一样！"李亮抢答道。

"我和李亮一样，这类型的项目对象是我们最想支持的中小企业，而且完全符合信产贷和科创贷的条件。"我附和着李亮的回答。

"哈哈，这个企业是BH银行推荐给我们的。"

"你问的问题就有问题，BH银行和我们没有'银—政—担'产品合作，你问我们选择什么类的'银—政—担'产品是误导。所以，'银—政—担'产品没搞，只能做一般的'银行+担保'业务。成本嘛，我们收2%担保费，没有补贴，BH银行贷款成本有点高，至少6%吧，总成本在8%左右。"李亮反应很快。

"有没有发现这其中有待优化的小问题？"

"没有问题，因为我们的客户是银行，所以，这应该是唯一方案！"

"我不是说这个！"

"那是哪个？"

"从上帝的视角，这个方案并没有做到信贷资金资源的最优化配置。"

"BH银行有担保需求找到我们，相应，项目应该落地在BH银行，这是不违背职业道德的基本原则，是我们的职业道德底线，信贷资金资源的优化配置也要坚持这个原则。"李亮严肃得一本正经。

"哎呀！你没懂起，我是说'银—政—担'产品可以优化一点！"

"啥？产品优化？"

"嗯！"

"怎么优化？"

"我觉得'银—政—担'产品可以从'政—银—担'向'政—担—银'优化……"

"等等！'银—政—担'什么……优化？"

"吃完面我给你画！"

"画？"

"嗯！"

我也有点懵，"政—银—担"向"政—担—银"优化是什么？我一边吃面，一边想着和我们公司合作的银行、产品……事实上确实存在着和YX企业类似的问题：如果有担保需求的银行没有申请纳入政府"银—政—担"产品合作，那么会导致企业不能享受产品补贴，从而不能获得成本更低的资金。掐指计算，我们公司目前合作的银行一共22家，入围信产贷产品并选择与我们公司"银—政—担"模式合作的银行只有4家，也就是说我们公司和另外18家银行的银行＋担保的在保项目，均不能享受信产贷的补贴，无论申请贷款的企业多么符合申请条件。从这个角度看，信产贷产品并没有惠及所有应该惠及的企业。

可能是潘林要给我们画表的原因，所以吃得比平时快。

潘林第一个吃完，他把碗往旁边一推，拿着刚擦完嘴巴的餐巾纸把桌子简单擦了一下，从笔记本上撕下两张纸，抽出笔，就开始在纸上画起来，我和李亮嘴里含着面，目不转睛地盯着笔尖。草草几下，一张大致的表格出现在我们面前。

表29 "政—银—担"产品合作关系

政府部门	银行	担保公司
某产业金融服务中心	A	x
		y
	B	x
	C	x
	D	x
		y
合计	4家银行	0

潘林把纸转了180度，表格正对着我和李亮，说："拿信产贷产品来举例。这就是当前'银—政—担'产品的合作关系，政府主管部门找银行，银行找合作的担保公司，三方签订《产品合作协议》，与其说这是'银—

政—担'，还不如叫'政—银—担'还更形象一些。"

"这有什么问题？"

"没什么大问题，非常好的产品。我只是觉得在这种模式下可能有两个小问题，同样拿信产贷产品来说：第一，对入围产品的A、B、C、D四家银行有利，那就是对其他未入围产品银行的不公平；第二，对A、B、C、D四家银行的客户有利，就是对其他银行客户的不公平……"

"我觉得谈不上公平与否，产品肯定只能和部分企业相关。"我打断潘林。

"企业自己可以选择有产品的银行啊！"李亮说道。

"YX企业的实际控制人张博士也知道其他银行有信产贷产品，也知道BH银行的成本比其他银行的成本高。这几年企业业务越做越好，也有很多银行去营销，但是从来都没有换过银行，为啥？因为从张博士出来创业的第一年，在缺资金的时候，唯独BH银行支持了他，给予了100万元的信用贷款。张博士很重感情，这些年来一直和BH银行合作。其实这也是很多中小企业的融资现状，很大一部分中小企业与银行的合作不是在商言商，实际控制人或者企业的某位人员和银行人之间的感情也很重要。我的意思是'银—政—担'产品可不可以增加另外一种模式，让这么好的产品惠及更多符合产品政策条件的中小企业，"潘林一边说着，一边在另外一张纸上画着，"另外一种模式，就是我说的'政—担—银'模式，大致是这样的……"

表30　"政—担—银"产品合作关系

政府部门	担保公司	银行
某产业金融服务中心	x	A B C D E F ⋮
合计	0	22家银行

对比两张图，在潘林的讲解下，我理解了他说的"政—银—担"和"政—担—银"的意思，也明白了为什么他希望产品类业务模式从"政—银—担"向"政—担—银"优化。在一个区域内，如果担保公司的数量远远少于合作银行的数量，那么"政—担—银"这种模式是最有效率的，覆盖中小企业面也是最广的。而A市中小企业信贷融资市场的"银""担"现状，正好适合增加"政—担—银"路径的模式，这样的话，我们公司合作的另外18家银行满足信产贷条件的中小企业，都可以享受到信产贷产品带来的实惠。

何止是信产贷产品，科创贷、体产贷、文创贷、成长贷、壮大贷、服保代、园保贷、智造贷等，所有这些产品都可以增加"政—担—银"的路径，那就可以惠及更多的中小企业。

"给你点赞！"我给潘林竖起了大拇指，"这个路径确实能惠及更多的企业。"

"除了惠及更多企业，这样也能扩大担保公司的业务范围。这个模式等价于更多的合作银行参与到政府产品类业务中来了。"李亮的思绪没有离开担保公司的业务范围，不过，确实是他说的这样，除惠及更多的中小企业外，这样的路径模式肯定可以扩大担保公司业务范围。

表31　YX企业在BH银行的融资成本

方案	利息	利息成本 补贴利息	贴后利息	担保费	担保费成本 补贴	贴后担保费	实际成本
银行+担保	6%	0	0	2%	0	0	8.00%
政—担—银	6%	1.16%	4.85%	2%	1%	1%	5.85%
差异							2.16%

"我觉得还有一点好处！"我喝完最后一口面汤。

"啥？"二人异口同声。

"我们可以走出去，还能再降低中小企业的融资成本。"

"走出去？再降低？"李亮满脸疑惑。

"走出去是扩大我们业务的地域范围？"潘林问。

"不是！"

"怎么再降低成本呢？补贴是固定的，再降低利息和担保费？"李亮疑惑。

54 再降低融资成本

"银行＋担保"的融资成本

"亮兄，我们要出发了，约好下午两点到，开过去接近一个小时。"潘林看了看手机，一边说一边起身，然后微微地笑着望着我，"晓老师，我给你买杯咖啡，和我们一起去项目？"

"哈哈，"他拉着我和他们一起去企业的意图就是继续讨论，恰巧下午没有其他事情安排，"走吧！不过，咖啡还是我来买，你画的这个和刚才在公司时亮兄的图，都让我茅塞顿开……"

"那我跟着蹭一杯呗！"李亮附和着。

去企业的路上，潘林开着车。

"晓老师，继续，走出去、再降低融资成本！"李亮忍不住，率先开口问我。

"你不提醒，我都会主动把我的认知全部倒出来的。"我喝了一口咖啡，准备把刚才整理的思绪全部吐出来，只是从哪里开始说起呢？"'银行＋担保'模式下，中小企业的融资成本包括哪些？"

"利息＋担保费。"

"仅此而已？"

"啊？"

"帮忙的人有没有成本？"

"比如？"

"回公司帮我拿一下我的笔记本！"

"没有成本……不对，还是有成本？没有，还是有？"

"你觉得呢？"

"那就有成本？"

"什么成本？"

"时间成本！"

"成本不一定用货币表现？"

"对！"

"'银行＋担保'模式下，中小企业的融资成本包括哪些？"

"利息＋担保费＋银行要求的帮忙。"

"哈哈，哪些帮忙？"

"帮忙办工资卡，银行代发工资。"

"增加什么成本？"

"员工重新办工资卡、换工资卡，沟通成本、时间成本。"

"还有吗？"

"如果企业弱势，银行还要求'帮忙'移基本户。"

"这涉及什么成本？"

"人力、时间成本等，还会影响和原基本户行的合作关系。"

"还有吗？"

"结算要求。"

"结算要求会增加企业什么成本？"

"和企业客户的沟通成本。"

"还有吗？"

"月末保存款。"

"还有吗？"

"审计费、评估费。"

"还有？"

"购买理财、保险。"

"还有吗？"

"……"

"这些成本可以量化吗？"

"某银行在给企业利息定价的时候明确：如果没有移基本户，贷款成本加 0.3%；没有代发工资，贷款成本加 0.3%；日均存款余额没有达到有效户，贷款成本加 0.5%……从这个角度看，银行所谓的'帮忙'的成本，都是可以量化的。"

"'银行＋担保'模式下，中小企业的融资成本包括哪些？"

"利息＋担保费＋银行要求的帮忙。"

"可以再细化一点吗？"

"啊？"

"借一笔钱，用多少提多少，可以吗？"

"一般不行。"

"一整笔贷款发放出来，慢慢用出去的过程中，全部贷款都计算利息吗？"

"肯定计算啊！"

"用 305 天，就归还，可以吗？"

"一般不行！"

"为啥？"

"提前还款有违约金，一般必须用一年。"

"另外 60 天的利息不就是多余的？"

"算是！"

"这边付着利息，账户上还保留着存款余额？"

"嗯！"

"那贷款期间，有一点盈余资金就提前归还一点贷款是不是更加不可能？"

"对，基本上是这样的！"

"资金闲置期利息可以量化吗？"

"可以。其实，这也是某家银行随借随还产品存在的逻辑，就算是该类随借随还的产品名义利率高达18%，部分企业也愿意选择这家银行的产品，因为可以做到随借随还，算下来，企业实际承担的成本还低于一般银行的普通贷款。"

"'银行+担保'模式下，中小企业的融资成本包括哪些？"

"使用期利息+闲置期利息+担保费+银行要求的'帮忙'。"

"仅此而已？"

"还有？"

"整笔贷款发放，整笔贷款归还，续贷下，一般企业能有那么多还款资金？"

"还款的资金周转拆借成本！"

"'银行+担保'模式下，中小企业的融资成本包括哪些？"

"使用期利息+闲置期利息+担保费+银行要求的'帮忙'+周转拆借成本。"

"仅此而已？"

"还有？"

"哈哈，吓坏了？成本是不是比你想象的高多了！"

在中小企业和银行的信贷业务关系中，中小企业的弱势地位导致中小企业的融资是真的贵。银行+担保模式下，中小企业承担的融资成本绝对不仅仅是利息+担保费，还可能包括如下内容。

表 32　银行 + 担保的可能成本

担保公司成本	银行成本	其他
担保费	使用期利息 闲置期利息（整笔发放或不能提前归还） 结算要求 代发工资要求 基本户移户要求 月末保存款要求 购买理财、保险 要求报表审计的审计费 要求资产评估的评估费 日均存款要求 其他	周转拆借成本

所以，降低中小企业融资成本，就是要降低表中企业可能承担的成本项。很简单，方法有四。

方法一：降低担保费、银行成本，消灭其他成本。

降低担保费依托于政府性融资担保体系的建立。2019年国办发〔2019〕6号文件明确提出建立健全政府性融资担保和再担保体系，目前已基本形成国家融担基金 + 省（市）级再担保 + 辖区地方政府性担保公司的担保体系，其核心是国家财政资金通过国家融担基金和地方再担保公司对地方政府性担保公司进行部分风险补偿，风险补偿的同时，也要求地方政府性担保公司降低费率，以降低中小企业的融资成本。

降低银行成本、消灭其他成本依托于实施央行、银保监等政府部门的普惠政策。"银行承担审计费、评估费、公证费、抵押登记费……"以降低中小企业融资成本；延长普惠小微企业贷款延期还本付息政策和信用贷款支持政策的"两项直达货币政策工具"降低企业周转拆借成本等；随借随还产品降低资金闲置成本。

方法二：银行去担保化。

担保费确实增加了企业不少的融资成本。

方法三：第三方补贴（如政府补贴）。

政府贴息、贴担保费必然降低中小企业的融资成本。不过，几种不同的模式还是值得进一步分析。政银模式，政府主管部门的资金池，可以在一定额度上等代替担保公司的代偿能力，但资金池替代不了担保公司的不代偿能力，不代偿能力＋代偿能力＝担保能力，所以，政银模式的担保能力非常弱，生命力也就不强，需要持续往资金池补充资金，而且，很有可能装入银行的存量风险项目。"政—银—担"模式，因为有贴息和补贴担保费，银行没有降低其他成本的动力。相反，某些银行反而把贴息和补贴担保费作为增加企业其他成本的理由，如向企业提出结算要求、移户要求、代发工资要求、日均存款要求等。

"好啦，铺垫了这么多，'政—担—银'模式是不是可以让我们走出去，再降低融资成本？"我向潘林那边微微侧了下身子。

"我大致明白了！"潘林猛地拍了一下方向盘说道。

"好好开车！"李亮叮嘱潘林。

"继续拿信产贷举例：在'政—担—银'模式下，如果和我们签订《银保合作协议》的22家银行都可以享受信产贷产品，那么是不是我们也直接拥有了信产贷产品呢？"我转头望着李亮。

"可以这样认为。这代表我们除'卖'给银行'担保能力'外，我们有了第二种产品——我们的客户不再是银行，而是企业。我们的商业模式会改变，可以从坐等银行电话的传统业务状态下走出去：拿着信产贷产品主动寻找符合条件的企业，然后推荐给22家银行中成本最低的银行……22家银行间的竞争，一定会减少银行给企业增加的那些其他成本，甚至会降低利息等，从而降低企业的融资成本！"没等李亮张嘴，潘林抢着说，而且越说越激动，"这就是我想做的，担保的法律从属性，不必然导致担保业务开展的从属性！加油！加油！加油！"说完，又用力连续地拍打了几下方向盘。

"喊你好好开车，等会儿把安全气囊拍出来了！"李亮大声对潘林说，"只是个想法而已，激动啥，而且，这个想法好难实现！"

"是的，很难实现！"

"政府部门会同意吗？"

55 第四种方法？
投担联动

刚到企业楼下，还没进车库，潘林就接到了企业实际控制人的电话：家里突发急事，今天不能按约定面见我们，对临时的变化表示十分抱歉。我们掉头，回公司。

"晓老师，方法四是什么？"李亮探过头来。

"什么方法四？"潘林问。

"刚才不是说'银行+担保'模式下，降低中小企业融资成本，方法有四吗？已经说了三种：降低担保费、银行成本及其他成本，银行去担保化，第三方贴息、补贴担保费。还有第四种方法呢？"

"哈哈哈哈，按这个逻辑来，第四种方法只可能是担保公司去银行化！"潘林笑道。

"去银行化？别开玩笑。"李亮从后排坐直，把头凑上来，神秘兮兮地问道，"第四种方法是不是投担联动？"

"为什么觉得投担联动可以降低中小企业的融资成本呢？"我反问他。

"用股权未来的收益弥补当前担保费的降低。当前担保费降低了，不就降低了中小企业的融资成本吗？"李亮说完自己的看法后，问道，"晓老师，你怎么看投担联动？"

"关于投担联动，我曾经有想过推股权期权与担保模式，后来觉得偏离担保之本了，就没再深入了。不过，我个人觉得股权投资和债权担保的底层逻辑完全不同，标的企业和市场也迥异，我坚持分工才能专业的观点，担保可以引流，但投资决策一定要专业的团队来做，专业的团队就需要匹配专业的人力资源。另外，我觉得当前担保费的降低并没有降低中小企业的融资成本。因为，无论是股权的折价。还是股权期权，这些都是企业支付的对价。"

"所以，第四种方法不是投担联动？"

"绝对不是！"

"那是什么？"

"嘿嘿……"

"说嘛，晓老师！"

56 第四种方法！
流通性保证业务 1

我开始沉默。

自己正在努力推进，却只看到星星之火，到底会不会是第四种降低中小企业融资成本的方法呢？这"如米小"的东西值得不值得说呢？我决定还是说出来，这也是我最想说的，我也希望所有的中小企业融资担保公司、所有的为解决中小企业"融资难、融资贵"而努力的部门、人员都能来讨论。

"流通性保证业务！"我宣布答案。

"啥？流通性保证业务？"

"对，流通性保证业务！"

"流通性保证业务，流通性保证业务……我先请教一下度娘，"李亮一边重复说着一边拿起了手机，"奇怪？百度上搜不到呢？"

"没有？那是什么？"

听李亮说百度上没有，潘林更加好奇。

57 业务起源

流通性保证业务 2

我喝了两大口咖啡。

"还是从你的 YX 企业项目开始说起吧。假设我们现在有了'政—担—银'的信产贷产品，BH 银行推荐 YX 企业，从理论上分析，我们可以有哪些信贷方案与之匹配呢？"我思考了一下，觉得还是从具体的案例讲起比较容易。

"我想想，至少有三……"潘林一边打着左转向灯，一边回应。

"两种！流动资金贷款、信产贷。"李亮打断潘林。

"不限于流动资金贷款！"我补充。

"还可以做银行承兑授信。"李亮反应确实很快，稍微停顿了一下，接着说，"国内信用证我们基本上没有做，不考虑它，那就是三种：普通流动资金贷款、信产贷和银行承兑汇票。"

"每种方案的成本大致是多少？"

"第一种，普通流动资金贷款。如果是单笔提用，不能随借随还，期限一年，银行有让企业'帮忙'的诉求，BH 银行 6% 的利息成本，我们 2% 的担保费，总成本就大于 8%。如果是最高额授信，分笔提用，允许提前归还，银行没有其他诉求，BH 银行 6% 的利息成本，我们 2% 的担保费，总成本就是 8%。"

"成本不低呀！"

"第二种，'政—担—银'模式下的信产贷产品。单笔提用不能随借随还，期限一年，BH 银行 6% 的利息成本，我们 2% 的担保费。贴息比例为 LPR 的 30%，即补贴 1.16%，担保费补贴 50%，也即补贴 1%，补贴后总成本不到 6%。"

"这是信产贷方案。"

"第三种，银行承兑汇票。"

"50% 的保证金，万分之五的手续费，银行不要求企业完成其他'帮忙'，这个条件正常吗？"

"正常！"

"如果企业使用银行承兑汇票向供应商结算会增加采购价款，那么增加的采购价款应该小于或等于 BH 银行承兑汇票的贴现成本。当前，一年期 BH 城商行的银行承兑汇票贴现成本在 1.8% 左右，增加的采购价款不会高于 1.8%。以 1.8% 作为企业承担的成本，考虑保证金导致开票金额是融资金额的两倍，融资金额实际承担的成本为 1.8%（银行承兑汇票结算增加的价款）×2 + 2%（担保费：敞口部分计收）+ 0.05%（手续费）×2，实际融资成本为 5.7%，如果把保证金存款的利息收入考虑进来，实际成本要低于 5.7%。"李亮一边说一边拿着手机计算着。

"简单点：第一，不考虑保证金利息收入对成本的影响；第二，增加的采购价款可不可以理解为供应商收到银行承兑汇票无法再背书出去，只有拿去贴现，然后增加的贴现成本反过来加在企业采购价款上？"在不影响分析结果的前提下，我想简化一点考虑，所以希望李亮的思考也先简单一点。

"可以这样理解。"

"增加的采购价款理解为贴现成本？"

"可以！"

"亮兄，50% 的保证金有点高。按照 30% 的保证金比例，你算一下。"潘林对李亮说。

"30%的保证金，保证金是授信敞口的3/7，银行承兑汇票结算增加的价款，或者说贴现成本就是1.8%×（1＋3/7），担保费2%不变，手续费变成0.05%×（1＋3/7），所有的成本合计是4.64%，按晓老师说的不考虑保证金存款的利息收入，实际成本就是4.64%。"李亮很快就计算完毕，"比50%的保证金方案少了1%的成本。"

"如果企业使用银行承兑汇票向供应商结算，那么就不会增加采购价款。换句话说，银行承兑汇票能在供应链上流通，50%的保证金，融资成本又是多少？"我转头问李亮。

"50%的保证金，银行承兑汇票流通，那就只有担保费和手续费……2.1%。"

"30%的保证金呢？"

"30%的保证金，2.07%。"10秒不到，李亮给出了答案。

"是不是开银行承兑汇票方案的成本最低？特别是银行承兑汇票在供应链上流通又不会加结算价款的情况下？"

"是的！其实，无论在银行的直接授信，还是在'银行＋担保'的模式下，通过匹配一定的银行承兑汇票授信额度，是降低企业融资成本的好办法。如果企业使用银行承兑汇票结算，且银行承兑汇票在供应链上流通而不增加成本，那么，理论上最低成本的融资方案就是：零保证金，开银行承兑汇票。"潘林说出了在担保公司视角下最低的成本方案，接着又自嘲道，"理论上是这样，在操作上也没有任何障碍，只是现实中没有银行会这样做！让银行没有收益，如同让我们担保公司不收担保费一样，谁会愿意呢？"

表 33　不同方案下 YX 公司的融资成本

方案			银行利息	补贴利息	贴现成本	担保费	补贴保费	手续费	融资成本
流贷	1	普通流贷	6%			2%			8.00%
	2	信产贷	6%	1.16%		2%	1%		5.85%
银承（贴现）	3	50% 保证金			3.60%	2%		0.10%	5.70%
	4	30% 保证金			2.57%	2%		0.07%	4.64%
银承（流通）	5	50% 保证金				2%		0.10%	2.10%
	6	30% 保证金				2%		0.07%	2.07%
	7	0% 保证金				2%		0.05%	2.05%

"我赞同潘兄的说法，银行的本质就是营利性公司，就算讲'普惠'，也要计算成本，毕竟，不能亏着讲'普惠'。"李亮接着说，"银行也不能亏！亏了老百姓还敢存钱吗？想一下，你去银行存钱，柜台妹妹温柔地对你说，'先生，你存的钱有可能因为我们的亏损，导致它变少哦'哈哈哈哈，吓死你……"

"我也赞同亮兄的说法，哈哈哈哈，钱会变少。"

"到啦！"潘林停好车。

"我确认一下，'银行+担保'模式下，最低成本方案是：零保证金，开银行承兑汇票在产业链上流通。但是，这不现实。不现实的原因是因为银行没有收益，所以，问题出在银行。这样理解没问题吧？"我一边打开车门，一边问。

"没问题！"

"那有没有可能把出问题的家伙去掉？"

"啥？"潘林和李亮一下子愣住了。"出问题的家伙是银行，去掉银行？"他俩一起开口道。

58 信用

流通性保证业务 3

"嗯，暂时去掉银行！"我回答。

"怎么可能呢？"伴随着"砰砰"的关门声李亮问道。然后是一段沉默，直到进入电梯按下 21 楼的电梯键，"晓老师，你当真？"

"哈哈，吓到你了？"我没有直接回答。

"晓老师，继续！"潘林若有所思的样子。

"流动资金贷款、银行承兑汇票（流通）两种方案在资金的融通上有什么异同？"

"银行的收益至少要覆盖风险、成本和利润，如果不考虑企业'帮忙'等给银行带来的收益，仅仅从业务本身看，二者存在很大的差异是银行的收入不同：流动资金贷款方案，银行的收入是贷款利息，成本是占用的存款利息支出、人工成本等；银行承兑汇票（流通）方案，银行的收入是企业保证金的存款贡献、微乎其微的手续费，成本主要是人工成本等。如果银行承兑汇票方案零保证金，银行就是给企业'帮忙'了。"李亮回答。

"你这是废话！你说的不就是刚才车上计算的吗？银行的收益就来自企业的成本减掉担保费，不过是换个角度说出来而已……"潘林没觉得李亮的回答有什么新东西，"晓老师，我不知道你要问什么，但你想问的肯定不是李亮回答的吧？"

"我觉得应该不是。"从电梯出来，我说道，"可能需要在白板上画一下！"

"会议室有白板！"

五分钟后，会议室。

除了潘林和李亮，刘源和王伟也坐了进来。在来会议室之前，刘源和王伟还向潘林问了我们之前讨论的内容，潘林做了大致的说明。我在白板上分两排写下了"流贷""银承（流通）"，并重复着刚才电梯里的问题："流贷、银承（流通）两种方案在资金的融通上有什么异同？"

"成本不同……"刘源抢答道。

"我之前回答了，不是问这个。"没等刘源继续说，李亮就打断了。

大家看着我，又看着白板，视线来回切换，一脸茫然。

"不好意思，我没有表达清楚我想问的问题。这样说吧：流贷是银行发放贷款，融资企业获得货币资金，并支付给供应商（一级供应商），供应商再将货币资金支付给他的供应商（二级供应商），以此类推，货币作为交易的媒介，在供应链上流通。"看着大家脸上疑惑的表情渐渐消去，我接着问，"如果从信用的角度，流通的是谁的信用？"

"国家的信用。"刘源回答。

"哦，我明白了！"李亮和潘林同时说。

"银承（流通）是企业获得银行承兑汇票，支付给供应商（一级供应商），供应商拿着银承再背书给他的供应商（二级供应商），以此类推，银承在供应链上流通，流通的是银行的信用。"李亮补充道。

"呵呵，很简单嘛！"我笑道，并在白板上完善了李亮说的内容。

表34 不同方案下流通的信用差异

方案	信用载体	信用
流贷	货币	国家信用
银承（流通）	银行承兑汇票	银行信用

"你问直接点，我们都晓得！"李亮笑着说。

"嗯，我们都晓得。"刘源附和着。

"流贷和银承方案的本质差异是二者在融资企业产业链上流通的信用

不同，"我看着白板，做了一个从左向右往前推的手势，"如果再往前推，两种方案是否有共同的地方？"

大家看着我，又看着白板，才消失没有多久的表情又浮现在脸上。

"我又没有表达清楚吗？"或许，我应该问得直接些，"银行是将什么转换为国家信用或银行信用？"

"企业的信用？"刘源回答。

"我们的担保能力？"李亮说。

"不只我们的担保能力，"潘林说，"应该是企业的信用和我们的担保能力。"

"那按照你说的，还有抵押物、其他担保方……我觉得对大多数银行来说，认可的是我们的担保能力，特别是那些我们承担 100% 担保责任的银行，或者说那些只要我们担保，就能通过审批的银行。"李亮不屑潘林的回答，还是坚持自己的观点，"从承担责任的角度来说，银行是将担保公司、融资企业，甚至包括其他提供担保的所有担保物、企业和个人的担保能力转换成了国家信用或银行信用。因为如果出现风险，银行既可以要求企业归还，也可以直接要求担保公司代偿，还可以行使其他物权或要求其他提供担保的企业和个人履行保证责任。但是，承担责任的角度不能作为银行决策时的判断依据，而这里有意义的思考，一定是关于'银行决策时'。"

"银行决策时一定会考虑企业和担保公司，而不是只考虑担保公司，"潘林说，"只要企业和担保公司信用之和超过银行决策标准，就可以。"

"潘兄，如果用数字零来表示银行的决策标准，两个负数相加可能大于零吗？也就是说两个没有信用的合计就可以等于有信用吗？应该不是吧？"李亮站了起来，继续说，"银行的决策标准肯定不是'$-2+3>0$'，而是只要有一个大于零的就足够了，企业信用小于零。但有代偿能力的担保公司如果愿意提供担保，那就没问题，企业只需要考虑合规性就可以了。"

"只是我们的担保能力？还是说是企业的信用＋担保公司的担保能

力?这个问题先放一下,即使只是我们的担保能力,我们也愿意提供担保的前提肯定是我们认可企业的信用。"我打断李亮和潘林的争论,"姑且暂时先合并起来看,况且还有那么多并不用承担100%担保责任的项目。"

"好吧!"李亮暂停争论,但有些不情愿。

"企业的信用+担保公司的担保能力暂且表示为企业+担保信用,这是银行识别的信用,而流贷的国家信用和银承的银行信用则可理解为银行转换的信用,转换的信用在融资企业产业链上流通。"我一边说,一边在白板上完善表格,"有没有一种可能,让企业+担保信用直接在融资企业供应链上流通呢?"

表35 流贷、银承(流通)和?

方案	银行识别的信用	信用载体	银行转换的信用	流通范围
流贷	企业+担保信用	货币	国家信用	融资企业供应链
银承(流通)	企业+担保信用	银承	银行信用	融资企业供应链
?	企业+担保信用	?	企业+担保信用	融资企业供应链

"啊?"大家吃惊地看着我。

59 可流通的信用载体
流通性保证业务 4

"企业+担保信用直接在融资企业供应链上流通？"刘源问。

"是的！"我回答。

"那就没银行什么事了？"刘源又问。

"不见得和银行不相关，还要依托银行！"我再回答。

"首先，得有个合法的，并且能流通的信用载体吧！"李亮说。

"信用载体简单，融资企业和供应商交易可以产生债权，也可以用电子商业承兑汇票支付结算，债权凭证和电子商业承兑汇票都可以是合法的信用载体。"我回答李亮，并接着说，"债权凭证和电子商业承兑汇票都不是新东西，中企云联的云信，中国铁建的铁建银信，还有政E信、航信、建信……太多了，这些都是电子化债权凭证。"我回答。

"电子商业承兑汇票呢？"刘源问。

"电子商业承兑汇票更是普遍使用的结算工具。2016年9月，中国人民银行下发《关于规范和促进电子商业汇票业务发展的通知》。《通知》中，央行要求自2017年1月1日起，单张出票金额在300万元以上的商业汇票应全部通过电票办理；自2018年1月1日起，原则上单张出票金额在100万元以上的商业汇票应全部通过电票办理。从那以后，电子商业承兑汇票的使用量快速增加，使用过程中ECDS（电子商业汇票系统）中的小问题也逐渐完善，从技术层面来说，电子商业承兑汇票已经成为很顺畅的结算工具。2020年4月上线的供应链票据，真的是很有智慧，单张金额一元的票据集合，完美地解决了不能拆分的难题。"

"哦！"

"其次，得把企业+担保信用赋予到载体上去。"李亮继续说。

"这个也简单。债权凭证：债务企业确认确定的债务，担保公司为该确定的债务提供担保，则一级供应商持有的就是担保公司担保的对债务企业的债权，若该债权搬到建立的电子平台系统或区块链平台系统上，或者将债务人确认的行为和担保公司担保的行为都搬到平台系统上去完成，就实现了将企业+担保信用赋予到电子债权凭证上。电子商业承兑汇票：债务企业出票并承兑后，通过 ECDS 系统向担保公司申请票据保证，担保公司在 ECDS 系统里确认后，则形成一张债务企业出具并承兑、担保公司保证的电子商业承兑汇票。"我继续回答。

"电子债权凭证和电子商业承兑汇票差异大不大？"刘源继续问。

"差异非常大。"我回答刘源，"性质不同：债权凭证是债权的载体，而电子商业承兑汇票是合法的支付结算工具；适用法律不同：债权凭证源于《民法典》，电子商业承兑汇票源于《票据法》；担保公司保证的行为不同：担保公司对债权凭证的担保是合同行为，担保公司对电子商业承兑汇票的保证是票据行为；行为发生场所不同：担保公司对债权凭证的担保行为一般发生在平台系统上，担保公司对电子商业承兑汇票的保证行为则发生在 ECDS 系统上；责任承担主体不同：债权凭证的责任承担人是债务人，担保公司承担担保责任，电子商业承兑汇票的责任承担人是承兑人和出票人，但在拒付后合法持票人还可以向保证人和所有的前手追偿。"

表36 电子债权凭证和电子商业承兑汇票比较

比较内容	债权凭证	电子商业承兑汇票
性质	债权的载体	支付结算工具
适用法律	《民法典》	《票据法》
保证行为性质	合同行为	票据行为
保证行为发生场所	某平台系统	ECDS 系统
责任承担主体	债务人、保证人	承兑人、出票人、保证人、所有前手

"晓老师,我更偏向于电子商业承兑汇票。"潘林说。

"为啥?"

"《票据法》,无因性,纠纷就少!"

"我和你的观点一样!"我对潘林说。

60 定义和概述

流通性保证业务 5

"以电子商业承兑汇票为载体,让企业+担保的信用流通在融资企业供应链上,用于支付结算。"潘林说,"这个主意不错。"

"你觉得这个想法可以?"李亮问。

"嗯,值得进一步深入思考。"潘林回答。

"要不大家先看看我写的?"我一边说,一边拿出手机。

"早有准备呀!"刘源调侃道。

"空余时间的一点思考,发到部门微信群里。"我回答。

融资性担保公司的流通性保证业务

流通性保证:融资担保公司依申请人委托,为申请人申请保证的合法信用载体进行保证,以增强所保证载体流动性为目的的担保。业务中,担保公司的保证目的是确保保证后该信用载体尽可能地能在供应链上流转,用于支付结算,但不排除保证后的信用载体直接到银行或其他资金方处快速变现。

以下,以电子商业承兑汇票为载体进行说明。

以电子商业承兑汇票为载体的流通性保证业务是指:融资担保公司依申请人委托,为申请人申请保证的商业承兑汇票依《票据法》进行票据保证,以增强所保证商业承兑汇票的流动性为目的的担保业务。

一、保证行为及法律后果

该业务中，担保公司的保证行为是票据行为，票据行为是要式行为，必须记载于票据上，根据《票据法》的相关规定，在电子商业承兑汇票广泛使用下，担保公司票据保证行为在 ECDS 系统（电子商业汇票系统）中完成。

从保证行为的法律后果分析，担保公司对保证后的商业承兑汇票的合法持票人承担连带责任。当然，当担保公司履行票据保证责任后，可以依据《票据法》向承兑人和出票人提示付款，同时可以向被保证人及其前手追索，且以持票人权利为限制。担保公司履行保证责任后取得的权利具备如下特征：对前手的追索权和对承兑人、出票人的付款请求权；权利不能优于持票人权利；以债务清偿为前提；追偿的对象为被保证人及所有前手。

二、业务目的

以电子商业承兑汇票为载体的流通性保证业务的业务目的是增强所保证商业承兑汇票的流动性。具体有两种表现形式：一是担保公司通过票据保证行为，对商业承兑汇票进行信用增进后，该商票能在持票人供应链上背书流转，用于支付结算；二是担保公司通过票据保证行为，对商业承兑汇票进行信用增进后，该商业承兑汇票能在金融机构或其他资金方处快速变现。

三、业务合规性

无论是法律法规禁止的角度，还是行业监管角度，均未发现融资性担保公司作为商业承兑汇票保证人的不合适性。

《票据法》第四十五条规定："保证人由汇票债务人以外的他人担当"。除此外，与票据相关的其他法律法规均未对票据保证人主体资格进行限制。无论保证的对象是出票人、承兑人还是持票人，在发生票据保证行为前，担保公司为商业承兑汇票债务人以外的第三人则可。《融资性担保公司管理暂行办法》《关于印发〈融资担保公司监督管理条例〉四项配套制度的通知》（银保监发〔2018〕1号）等与担保公司相关的监管文件，并未禁止融资性担保公司对商业承兑汇票提供票据保证。

担保公司对商业承兑汇票提供票据保证，是商业承兑汇票电子化后，近三年才产生的行为，从业务本身来看，有益于中小企业融资和担保公司自主展业的积极社会效益。对该业务的开展，建议向主管部门报备，归属于《融资性担保公司管理暂行办法》中"（六）其他融资性担保业务"。

四、业务类型

按照被保证人不同，可分为出票人保证、承兑人保证和持票人保证。根据《电子商业汇票业务管理办法》第五十六条："电子商业汇票获得承兑前，保证人作出保证行为的，被保证人为出票人。电子商业汇票获得承兑后、出票人将电子商业汇票交付收款人前，保证人作出保证行为的，被保证人为承兑人。出票人将电子商业汇票交付收款人后，保证人作出保证行为的，被保证人为背书人。"出票人保证是指：融资担保公司受出票人委托，基于对出票人及票据行为基础关系进行调查后，为出票人出具的商业承兑汇票提供票据保证。承兑人保证是指：融资担保公司受出票人委托，基于对出票人、承兑人及票据行为进行调查后，为承兑人已承兑的商业承兑汇票提供票据保证。持票人保证是指：融资担保公司受持票人委托，基于对出票人、承兑人、持票人、持票人前手及票据进行调查后，为持票人受让的商业承兑汇票提供票据保证；或融资担保公司受第三方委托，基于对出票人、承兑人、持票人、持票人前手及票据进行调查后，对指定商业承兑汇票提供票据保证后，旨在第三方收受票据的票据保证行为。不同被保证人，履行保证责任后追偿的对象不同。

五、与传统融资担保业务的区别

保证行为性质不同，适用法律不同。传统"银行＋担保"业务至少存在三方法律主体，即银行、担保公司和授信主体。三方法律关系为：银行与授信主体的借贷关系，授信主体与担保公司的委托保证关系，担保公司与银行的保证关系。担保公司对银行的保证行为，以书面的保证合同为要件，适用《民法典》调整。以电子商业承兑汇票为载体的流通性保证业务至少存在两方法律主体,即担保公司和票据保证申请人,票据保证申请人向担保公司申请,担保公司受申请后对特定票据进行票据保证。担保公司履行的是票据保证行为,以在票据上载明法定的保证事项为要件,适用于《票据法》和《民法典》调整。

保证相对方不同。传统"银行+担保"业务,担保公司担保行为的相对方是银行,在发生保证行为时,银行是确定的。以电子商业承兑汇票为载体的流通性保证业务,票据保证行为的相对方是票据记载的被保证人后的所有合法持票人,发生保证行为时,行为相对方是不确定的。

法律后果不同。传统"银行+担保"业务下,在被保证人不能偿还债务时,按照担保合同约定,担保公司履行担保责任,即代为向银行偿还,代偿后,取得向被保证人及其他反担保方追偿的权利。代偿金额按照保证合同约定,一般包括本金、约定利息、罚息等。以电子商业承兑汇票为载体的流通性保证业务下,在所保证的商业承兑汇票到期未能获得承兑人兑付时,合法持票人向担保公司追索时,担保公司履行保证责任,向持票人支付,支付后,取得票据追索的权利。因保证申请人不同,追索对象存在差异,如若被保证人为持票人,则追索的对象包括被保证人、被保证人所有前手、收票人、承兑人和出票人。

业务目的不同。传统"银行+担保"业务模式下,担保公司保证的目的是为被保证人在银行获得授信资金,银行成本是取得资金的必然成本。以电子商业承兑汇票为载体的流通性保证业务下,担保公司保证的目的是增强所保证商票的流动性,被保证票据是否到银行处融资,存在不确定性,因此,不一定存在银行成本。

附表: 与传统担保业务的区别

业务类别	保证行为性质	保证相对方	法律后果	业务目的
传统担保	担保行为,书面合同为要件	银行	适用《民法典》,担保责任,代偿后向债务人及反担保人追偿	获得资金
商票为载体的流通性保证	票据行为,票据记载为要件	后手合法持票人	适用《票据法》,保证责任,履行保证责任后向所有前手追索	票据流通(也可以获得资金)

所有人都拿着手机看着。

"要不今天先这样,大家先看一下,后面再讨论。"我说。

"哦!"潘林站起来,视线没离开手机,朝会议室门口走出去。

61 不对称信息下的分析
流通性保证业务6

再次谈及流通性保证业务，是一个多月以后。

"晓老师，这一个多月我一直在思考你的以电子商业承兑汇票为载体的流通性保证业务，接着你写的东西，我往下写了一点，你帮忙看一下。"说完，潘林递给我一沓A4纸。

我接过来，从头到尾认真看起来。

不对称信息下的流通性保证业务分析

信息经济学认为，信息不对称造成市场交易双方的利益失衡，影响社会公平、公正的原则以及市场配置资源的效率。"银行+担保"信贷业务模式下，存在严重的信息不对称性，出现因银行获得的信息力量对比过于悬殊导致利益分配结构严重失衡的情况，而担保公司的流通性保证业务是纠正该失衡的手段之一。

一、"银行+担保"业务模式下的信息不对称性

担保公司介入的信贷业务，参与者包括资金方（储户）、银行、担保公司、融资企业和受托支付方（供应商），储户向银行存入资金，银行在担保公司保证下向融资企业发放贷款，并基于监管要求，受托支付给融资企业的供应商。

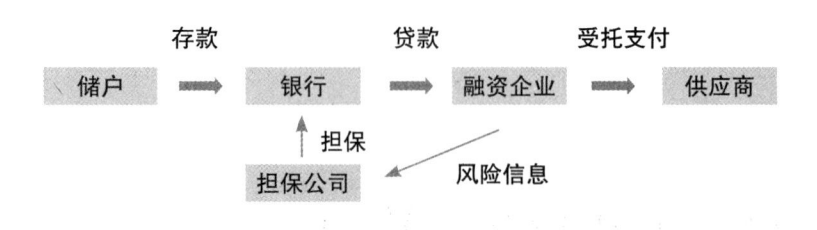

```
              存款           贷款         受托支付
    储户  →  银行  →  融资企业  →  供应商
              ↑  担保      ↙ 风险信息
           担保公司
```

图 1　传统"银行 + 担保"业务关系图

几方关系中，银行获得最充分的信息：较资金方（储户）而言，银行是绝对的信息充分掌握者，因为储户连银行贷款投放企业的信息都无法获得，更谈不上识别投放企业的信用风险；较担保公司而言，银行掌握着担保客户来源的信息，因为"银行 + 担保"业务模式下，担保的需求来源于银行，担保业务开展具有的从属性导致担保客户的来源完全依托银行；较融资企业而言，银行完全掌握着作为资金方的储户的信息及资金成本。因此，当前普遍存在的担保公司全担的"银行 + 担保"业务，虽然融资企业信用风险的识别和承担者是担保公司，资金提供方是储户，但是银行因掌握充分信息，而在业务中获得了超额的存贷差收益及其他回报收益，利益分配结构严重失衡。

二、流通性保证纠正信息不对称导致利益分配失衡的原理

以电子商业承兑汇票为载体的流通性保证业务，担保公司票据保证行为的保证目的，是确保保证后该票据能在持票人供应链上背书流转，用于支付结算。业务架构中，融资企业的信用被担保公司识别，并以出具的商业承兑汇票为载体，担保公司以票据保证行为为信用增进手段，让增进后的信用在融资企业供应链上流通。银行在整个业务中则是非必须存在的，因此，在"银行 + 担保"业务模式下银行获得的超额收益，在流通性保证业务参与方内重新分配，流通性保证以此来纠正传统"银行 + 担保"业务模式下利益的分配失衡。

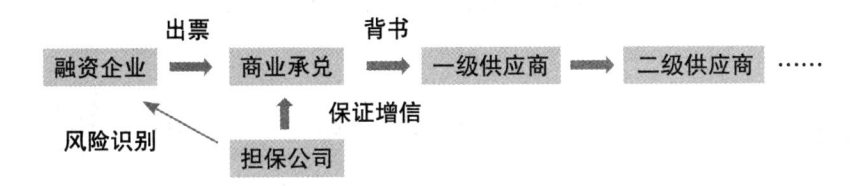

图2 流通性保证业务关系图

"银行+担保"业务关系中,储户和供应商并非互斥,有资金闲置的供应商也是资金方(储户),该情况的客观存在,为担保公司商业承兑汇票流通性保证业务的开展提供了条件。

三、例证分析

存在企业A及其供应商企业B、C,担保公司D,银行E万元。B无存款,C在银行存款100万元,A与B、C之间不信任。A需要融资100万元,并分别向B、C采购材料50万元(担保费2%,银行贷款利息5%,存款利息1%,不考虑存款准备金及其他)。

1."银行+担保"业务模式下

前提:担保公司D信任企业A,银行E信任担保公司D。

方案:D为A提供担保,E在D的担保下,以C的存款为基础,向A发放贷款100万元,并支付给B、C各50万元。

从资金的收益和成本角度看,各主体以收益、支出如下。

企业A:向D支付担保费2万元,支付资金利息5万元,总收益-7万元。

企业B:无金融收支。

企业C:获得银行存款利息1万元,总收益1万元。

担保D:获得A支付的担保费2万元,总收益2万元。

银行E:获得A的利息5万元,支付C存款利息1万元,总收益4万元。

表1 "银行+担保"业务模式下各方的收益

单位：万元

支出方＼收益方	企业A	企业B	企业C	担保D	银行E
企业A	/	/	/	2	5
供应商B	/	/	/	/	/
供应商C	/	/	/	/	−1
担保公司D	−2	/	/	/	/
银行E	−5	/	1	/	/
总收益	−7	0	1	2	4

2. 流通性保证业务情况一

前提：较银行+担保模式增加"企业B、C信任担保公司D。

方案：A出具商业承兑汇票52.5万元，经担保D票据保证后支付给B，B需要付现，故向E取得贴现资金50万元，A出具商业承兑汇票51.5万元，并经担保D保证后支付给C，C因为资金充足而持有到期（C接收金额主要考虑商业承兑汇票的流动性、基础交易、商票结算补偿，商业承兑汇票的流动性是最关键因素，基础交易和商票结算补偿影响的是交易利润，一般来说可接受商票金额大于本金及存款利息，即大于50.5万元）。

从资金的收益和成本角度看，各主体的收益、支出如下。

企业A：向D支付担保费2万元，商票到期多支付资金2.5万元+1.5万元=4万元，总收益−6万元。

企业B：商票到期多收资金2.5万元，银行贴现支付资金2.5万元，总收益0万元。

企业C：获得银行利息0.5万元（收商票减少存款50万元），商票到期多收1.5万元，总收益2万元。

担保D：获得A支付的担保费2万元，总收益2万元。

银行E：获得企业B贴现利息2.5万元，支付C存款利息0.5万元，总收益2万元。

表2 流通性保证业务各方收益（情况一）

单位：万元

收益方\支出方	企业A	企业B	企业C	担保D	银行E
企业A	/	2.5	1.5	2	/
企业B	-2.5	/	/	/	2.5
企业C	-1.5	/	/	/	-0.5
担保D	-2	/	/	/	/
银行E	/	-2.5	0.5	/	/
总收益	-6	0	2	2	2

3. 流通性保证业务情况二

前提：较流通性保证业务情况一再增加假设：存在资金充足的企业F为企业B的供应商，且F也信任担保公司D。

方案：A出具商业承兑汇票51.5万元，并经D保证后支付给B，B支付给F，F持有到期；A出具商业承兑汇票51.5万元，并经D保证后支付给C，C持有到期。

从资金的收益和成本角度看，各主体的收益、支出如下。

企业A：向D支付担保费2万元，商票到期多支付资金1.5万元+1.5万元=3万元，总收益-5万元。

企业B：无金融收支。

企业C：获得银行利息0.5万元（收商票减少存款50万元），商票到期多收1.5万元，总收益2万元。

担保D：获得A支付的担保费2万元，总收益2万元。

银行E：支付C存款利息0.5万元，因F减少存款而减少利息支出0.5万元，总收益0万元。

企业F：商票到期多收资金1.5万元，占用存款少收利息0.5万元，总收益1万元。

表3 流通性保证业务各方收益（情况二）

单位：万元

支出方＼收益方	企业A	企业B	企业C	担保D	银行E	企业F
企业A	/	/	1.5	2	/	1.5
企业B	/	/	/	/	/	/
企业C	-1.5	/	/	/	-0.5	/
担保D	-2	/	/	/	/	/
银行E	/	/	0.5	/	/	-0.5
企业F	-1.5	/	/	/	0.5	/
总收益	-5	0	2	2	0	1

4. 比较分析

上述三种情形，各方的资金收益、成本如下。

表4 三种情形下各方的收益、成本分析

单位：万元

情形＼收益方	企业A	企业B	企业C	担保D	银行E	企业F	合计
银行+担保	-7	0	1	2	4	/	0
流通性保证情况一	-6	0	2	2	2	/	0
流通性保证情况二	-5	0	2	2	0	1	0

从所有参与方的角度来看，每种情况均是零和博弈。比如，从融资企业A的角度看，流通性保证业务降低了融资成本，融资成本的降低程度随融资性保证向流通性保证逐步转移而增加，是后银行化甚至去银行化的结果。融资成本的降低，形式上是将银行+担保方案下银行获得的存贷差在实体企业中进行再分配，实质是对银行+担保信贷业务模式下，因银行获得的信息力量对比过于悬殊导致利益分配结构严重失衡的纠正，从而有利于社会公平、公正原则的践行，有利于提高市场配置资源的效率。

"需要多读几次！"我望着潘林说。

"没事，不急！"潘林回复我。"不过，我有个重要的问题！"

"啥问题？"

"供应链上的企业凭啥要接收我们保证的商业承兑汇票呢？"

62 净增效益原则下的分析
流通性保证业务 7

李亮听了我和潘林的对话,也凑了过来。

"晓老师,这一个多月我也一直在思考你的以电子商业承兑汇票为载体的流通性保证业务,接着你写的东西,我也往下写了一点,你也帮忙看一下。"说完,李亮递给我一沓 A4 纸。

"你俩凑巧了?还是早有预谋?"

我笑着并接过来,从头到尾认真看起来。

净增效益原则下流通性保证业务分析

净增效益原则是指决策建立在净增效益的基础上,一项决策的价值取决于它和替代方案相比所增加的净收益。以电子商业承兑汇票为载体的流通性保证业务的净增效益,指与传统的"银行+担保"模式相比,不同业务参与主体在成本、效率和风险控制方面的净增价值。

从融资人、担保公司和其他参与方角度进行分析。

一、融资人净增效益分析

1. 融资成本降低

"银行+担保"模式下,融资企业的融资成本一定包括银行利息和担保费,除此之外,还可能包括下列中多项成本:整笔贷款发放陆续使用造成的资金闲置成本、不能随时归还增加的利息成本、到期整笔归还产生的资金拆借成本、开户成本、结算要求增加的成本、审计评估费、代发工资要求增加的成本、银行其他回报要求增加的成本（如要求企业购买理财产品、保险等）。实际上，中小企业因为处于弱势地位，承担的融资成本远远超过了借款利息＋担保费。

以电子商业承兑汇票为载体的流通性保证业务，担保公司保证的目的是增强所保证商票的流动性，被保证票据是否到银行处融资，存在不确定性，因此，不一定存在银行成本。即使保证后的商业承兑汇票最终流转到银行等金融机构处融资，也因为在流转期间不需要支付银行成本，而导致实际承担的成本远低于传统的"银行＋担保"业务模式。即使保证后的商业承兑汇票直接流转到银行等金融机构处融资，和"银行＋担保"模式比较，也可以在这些方面降低融资成本：（1）可以通过精确控制的商业承兑汇票到期时间，使得资金使用时间更精确，避免传统业务下信贷期限普遍是一年造成的资金闲置的信贷成本；（2）融资主体基于票据基础关系中的交易地位，有可能将部分融资成本转嫁给有闲置资金的供应商，从而降低自己的实际成本；（3）避免传统的"银行＋担保"业务模式下银行开户、代发工资、银行回报等其他成本的发生；（4）商业承兑汇票分散使用，减少传统"银行＋担保"业务模式下可能发生的到期周转贷款的资金成本；（5）若保证后的票据最终由小微企业持票而向银行申请融资，可能因为小微企业的信贷支持政策而降低融资成本；（6）可能以替代部分预付款的方式，来减少预付款占用的资金，从而节约成本。

2. 融资效率提高

"银行＋担保"业务模式下，首先是银行对融资企业进行调查，在不能直接授信的情况下，再引入担保公司进行调查，即使在银行对担保公司"见担即贷"的信任水平下，也避免不了银行和担保公司对融资企业的二次调查。而以电子商业承兑汇票为载体的流通性保证业务仅需要担保公司对融资企业开展调查，减少银行对融资主体（出票人或承兑人）的授信流程，提高融资效率。在授信通过后资金获得效率方面，"银行＋担保"业务模式下，融资企业可能受到银行政策和贷款额度的限制不能及时获得至今；

而流通性保证业务模式下流转的信用，担保公司票据保证行为对票据的流通性基本无时间限制。

3. 其他净增效益

减轻集中还款时归集还款资金的压力；避免"长贷短投"产生的资金闲置风险；保证后的票据以不可转让方式预付给供应商，当基础交易存在瑕疵时，可以拒付对抗，同支付预付款比较，避免了一定的经营风险。对融资企业而言，这些都是银行＋担保业务模式下不可能获得的效益。

二、担保公司净增效益分析

1. 扩大担保业务范围

更低的成本，可以拓展风险更低的客户。

高收益背后一定是高风险，而低风险只能获得低收益，这是常识。在不扩大可接受风险的条件下，能持续地将担保业务拓展至低风险客户，那一定是以低成本资金为前提。银行＋担保业务模式下，低成本资金的获得途径除了降低担保费和银行利率外，最有效的方式是引入政府的补贴，如当下的政府性融资担保体系。因为补贴来源于交易之外，由政府承担，银行利益基本无损，所以银行也愿意将部分可以直接做的项目转至有补贴的产品，毕竟在银行收益基本不变的情况下，产品类业务能将绝大部分的风险释放给担保公司。当然，产品类业务补贴后成本足够低的话，银行和担保公司也可以将业务拓展至风险更低的项目。

流通性保证业务模式下，低成本资金的获得途径是通过后银行化、去银行化实现，低成本可以寻求低风险标的资产，在业务拓展上，担保公司可以与曾经不可能合作融资业务的企业建立业务关系。更关键的是，低风险业务的获得并未降低担保收费标准。

2. 业务不从属于银行业务

传统"银行＋担保"业务模式下，担保公司的客户是银行，业务来源于银行。以电子商业承兑汇票为载体的流通性保证业务，并不一定需要银行参与，因此，担保公司业务的拓展，也不一定依赖银行对担保的需求。

担保公司可以寻求一条与传统业务并存的道路,能走出"项目靠银行推荐""做银行不能直接做的项目"这种从属性业务模式。

担保公司可以建立起以自己为核心的业务模式,这也符合"谁是风险识别者,谁是风险承担者,谁就应该享有风险定价权的公平、正义"的逻辑。

3. 更利于对项目风险的控制

和传统"银行+担保"业务模式比较,以电子商业承兑汇票为载体的流通性保证业务在资金用途的真实性上、资金使用的时间上更符合企业经营实际,更利于资金监管,也利于防止"长贷短投"的资金错配风险。分散的票据开出,也避免了传统业务下到期不能筹集大额资金归还贷款的风险。另外,从可追索对象上分析,持票人保证下,担保公司可追索对象普遍多于传统担保业务模式,同时,担保公司也可以通过供应商对风险的敏感度,识别和防范对融资主体的担保风险。

三、其他参与方净增效益分析

1. 供应链上的供应商

(1) 盘活应收账款。

当供应商资金不充足时,可以通过银行通道变现,或背书给自己的供应商的方式,来盘活其对上手的应收账款。

(2) 降低经营风险。

因为电子商业承兑汇票的支付要求,也在一定程度上避免了应收账款一拖再拖的情况发生。另外,有专业的担保公司"帮着"识别上游风险,且增加了担保公司的担保,债权更有保障,可以降低经营风险。

2. 银行等机构

"企业+担保"的信用赋予了电子商业承兑汇票,对银行等金融机构而言,在有风险控制的前提下,更多的信贷资产对融资企业及融资企业供应链上的中小企业提供了大力支持,践行了"普惠"。

"需要多读几次！"我望着李亮说。

"没事，不急！"李亮回复我。"不过，我有个重要的问题！"

"啥问题？"

"供应链上的企业凭啥要接收我们保证的商业承兑汇票呢？"

63 业务实现的难题

流通性保证业务 8

"供应链上的企业凭啥要接收我们保证的商业承兑汇票呢?"我重复着,"我们解决了两个问题。首先,得有个合法的,并且能流通的信用载体;其次,得把企业+担保信用赋予到载体上去。你们也从信息不对称性和净增效益原则的角度分析了流通性保证业务的好处。但是……"

"但是,现在的难题是——供应链上的企业凭啥要接收我们保证的商业承兑汇票呢?"潘林接过我的话。

"其他问题都解决了?"我示意他俩坐下来。

"其他问题都解决了!留下最难的,还没解决的就是这个问题。"潘林回答。

"这一个多月,我和潘兄每天都跑两三家我们的在保企业或者退保的中型企业,与老板、财务、采购部的人聊这个业务,这些企业也帮我们和他们的供应商沟通,我们获得了一些有用的信息。潘兄,你发给晓老师吧。"

"晓老师,我还没总结好。我先发你一个。"潘林对我说。

流通性保证业务调研分析

这一个多月,我们调研了 50 家中小企业,从融资方、供应商方面进行总结分析。

一、融资方角度(出票方或资产端)

"只要供应商能接受,我们企业没问题。"这是调研过程中听到最多的话。在满足这个前提下，50家中小企业中，45家企业认可流通性保证业务产品，另外5家因为主要成本为人工研发成本，需要更多的现金支付而无法选择流通性保证业务。在我们意料之内的是：10家非在保企业（我们公司曾经提供过担保，后因为经营良好，选择了不需要担保的融资方式）也同意我们公司给予他们一定的流通性保证业务的保证额度，但前提条件就是"只要供应商能接受，我们企业没问题"。

45家融资方企业均愿意承担因使用商业承兑汇票支付而对供应商补偿，且可提供的补偿价格普遍高于在银行贷款的融资成本：30家在保客户担保下的贷款成本（担保费+利息）每年为6%～7%，而选择通过支付商票模式，普遍可以接受对供应商半年4%（半年期限和4%都很重要）的价格补偿，究其原因，是传统业务的实际成本（包括配合银行授信的工作、开户、代发工资、结算要求、回报、贷款时间的错配、还款资金的归集成本等）远远高于贷款利息+担保费的名义成本，半年4%的补偿价格低于"银行+担保"业务半年实际成本。

在沟通完保证类型后，10家融资方希望保证的类型除了承兑人保证，还增加了持票人保证，其目的是通过持票人保证，增加其自身的商业信用的流通。

除了降低实际资金成本，业务还满足了个别企业经营中的其他诉求，如替代部分预付款：以保证后的商业承兑汇票支付，并限制再转让，可以作为交易双方不信任的履约担保。

如上所述，融资方（出票方或资产端）是愿意给予一定的价格补偿来推动流通性保证业务的，但是推动的一个重要前提是供应商能接受。

二、供应商角度（收票方或资金端）

当这50家中小企业站在供应商的角度，谈及是否接受他们的客户支付给他们由我们公司担保的商业承兑汇票，这50家中小企业主要考虑商业承兑汇票的流动性、基础交易、商票结算补偿等的因素。其中，商业承兑汇票的流动性是最关键的因素，基础交易和商票结算补偿影响的是交易利润。

商业承兑汇票的流动性的核心是用于支付结算流通的能力或可变现能力，决定其流动性重要因素是到期兑付的可能性，如果到期兑付是基本确定的，则相应风险越低，流动性就越强，供应商就越容易接受。调研中听得最多的话就是**"我是相信你们担保公司的，收一些，没问题，如果收很多，那我就得必须能付出去或者你把它变成钱"**。中小企业作为出票人，基于中小企业经营的高风险性，其流动性是很难被识别的，商业承兑汇票作为支付手段也是不被接受的，若以我们公司对到期兑付予以保证，我们公司的担保能力就必须要被供应链上的企业认可。可是，如何保证所有的企业对我们公司的认可呢？

当商业承兑汇票流动性足够强时，采用商业承兑汇票方式结算，对供应商而言，不一定会导致供应商的延期收款。比如，原有3个月账期的业务，采用商业承兑汇票结算，可以在确定债权债务后立即支付一张4个月的商业承兑汇票，对出票方而言，较之前3个月后支付延长至4个月后支付，是有利的，对供应商而言，将3个月后才能收到的债权提前3个月取得，也是有利的。

在流动性得以保障的情况下，供应商是否接受商业承兑汇票所考虑的因素，主要取决于"价格"因素，即基础交易利润和商票结算补偿。一般来说，基础交易利润越高，供应商可让渡的利益就越高，越容易接受商业承兑汇票支付；商票结算补偿越高，供应商可获得利益就越高，越容易接受商业承兑汇票支付。"价格"因素是一个谈判因素，是协商因素，终有达成一致的可能，不制约业务的开展。

除上述因素外，收票方资金闲置情况、资金的机会成本也是影响接受商业承兑汇票的因素，但相对而言，弱于前述商业承兑汇票的流动性、基础交易、商票结算补偿因素。

如上所述，从供应商（收票方或资金端）分析，流通性保证业务是否可以推进，取决于担保公司保证的商业承兑汇票的流动性问题。

"用潘林的《不对称信息下流通性保证业务分析》中的例证来说，企业 B、C、F 不具备对担保公司担保风险的评价能力，同时，也不具备企业 B、C、F 对担保公司均开展尽调进行风险评价的条件，所有实体企业像银行一样对担保公司开展调查后取得信任，不现实。如果仅仅凭担保公司的口碑和第三方的评级而信任，又是不理性也不全面的。"我说。

"是啊！那这个业务就没法推哦！"李亮的言语中，明显透出失落。

"晓老师，有没有其他办法？"潘林用充满期待的眼神看着我。

"一定有办法！"我回答。

64 难题的解决路径
流通性保证业务 9

"有办法？！"潘林露出了微笑。

"供应链上的企业凭啥要接收我们保证的商业承兑汇票呢？换句话说，供应链上的企业凭啥信任我们？可能 99% 以上的供应链企业对我们公司都不知道、不了解，谈何信任？"我停顿了一下，"不过，我们可以换个思路。"

"啥思路？"

"如果我们能把他们信任的目的解决了，是不是也就解决了信任问题？"

"信任的目的就是确保到期能变现。"

"那我们就解决让他们相信到期能变现的问题。"

"怎么解决？"

"到期能变现是不是包含于随时可变现里？"

"啊？"

"如果我们保证的商业承兑汇票'随时可变现'，那不就把问题解决了？"

"随时可变现？"

"嗯，随时可变现！试想，如果供应商拿着一份我们公司保证的电子商业承兑汇票，如果想要变现，在票据到期的任何时点，都有若干个金融机构喊着'我这里可以变现'、'我这里可以变现'、'我这里也可以变现',这就是随时可变现所表现出来的状态。"我回答潘林。

"还是借助银行等金融机构?"

"是的。在这种状态下,不需要每一个供应商去评价担保公司是否值得信任,他们只需要知道我们公司的名字,只需要知道在我们公司的保证下,持有的这张商业承兑汇票,在想变现的时候,都可以变现。"

"我大致明白了!"

"如果要进一步理解随时可变现状态,我觉得至少包括三个方面的内容。第一,美式期权。持有票据变现的选择权,且整个持有期间均可以行权。这就要求担保公司保证后的电子商业承兑汇票在多个渠道变现得以保障,且资金渠道的模式也应该具有多样性,包括但不限于贴现、质押贷款、委贷、ABS、附票保理融资等,同时,多渠道、多产品变现的状态是持续的。第二,行权过程是高效的。这就要求变现手续简单,变现无故障,最好是标准化产品。第三,要求变现的无损性。变现成本是确定的,变现成本是已知公开的,变现成本与担保公司风险和剩余到期相关,成本不高于同期担保公司担保的其他'银行+担保'模式下的贷款成本。"

表37 随时可变现状态描述

序号	内涵	描述	具体要求
1	美式期权	(1)变现选择权 (2)整个持有期间可行权	(1)保证后的信用载体在多个渠道变现得以保障,且资金渠道的模式也应该具有多样性,包括但不限于贴现、质押贷款、委贷、ABS、附票保理融资等 (2)多渠道、多产品变现的状态是持续的
2	高效率	(1)手续简单 (2)变现无障碍 (2)操作时间≤2个工作日	变现手续是简单的,过程是高效的,最好是标准化产品
3	无损性	(1)变现成本是确定的 (2)变现成本是已知公开的 (3)变现成本仅仅与时间相关 (4)成本不高于其他担保贷款	至信用载体到期时,任何时点的变现成本是确定的、是公开可预见的,并不高于担保公司担保下的其他同期贷款成本

"如果是这种状态,供应商肯定可以接受!"潘林说。

"不过,如果变现了,不是没有降低成本?"李亮问。

"是随时可变现,不是一定去变现。"潘林纠正李亮。

"举个例子,"我说,"产业链企业存款 10 亿元,产业链上银行+担保贷款需求 8 亿元,银行存款准备金率 20%,存款利率 1%/ 年,贷款利率 5%/ 年,担保费 2%/ 年。若流通性保证业务下,30% 直接变现,30% 半年变现,40% 流通至到期。试比较'银行+担保'业务和流通性保证业务下各参与方的损益。"

表 38 从产业链角度理解流通性保证业务

单位:万元

模式	产业链上企业				银行			担保保费收入	总计
	贷款利息	存款利息	担保费	合计	贷款利息	存款利息	合计		
"银行+担保"业务	-4 000	1 000	-1 600	-4 600	4 000	-1 000	3 000	1 600	0
流通性保证业务	-1 800	1 000	-1 600	-2 400	1 800	-1 000	800	1 600	0
差异	-2 200	0	0	-2 200	2 200	0	2 200	0	0

"你这样说我就明了了!"李亮突然大笑起来,"哈哈,晓老师,你这两年做的那些不该你做的事情,是不是都是为这个业务在努力:CCHX 银行谈银保票据通,EF 银行的一次性还本付息的贷款模式,EF 农商行利随本清贷款模式,MS 银行的承兑汇票保贴业务,CT 保理的保理保证业务……"

我把李亮拉到公司前台,指着"担责任、保发展"的铭牌说:"身为 EF 担保公司的一员,只要是有希望能解决中小企业'融资难''融资贵'的事情,都是该做的事情!"

65 业务范围

流通性保证业务 10

一天后。

"晓老师，给你个东西！"潘林神秘地递给我一张叠好的纸。我把它打开。

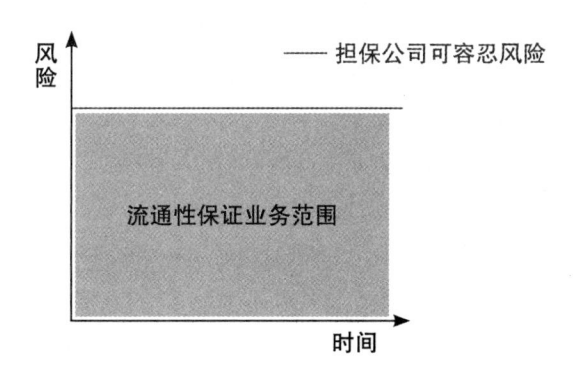

图 16　流通性保证业务范围

我笑着说："相比较业务范围，我觉得降低中小企业的融资成本更有意义！"

66 李亮离开

12月24日，周五。

为什么能这么准确地记住这天，是因为12的两倍是24，也因为这是这周最后一天上班，更因为是下班前李亮递给我的那张纸：密密麻麻的小四号字上方，有三个醒目的大字——"辞职信"。

我把李亮叫到楼下的咖啡厅，潘林也跟了下来，他是李亮最好的校友、同事、朋友、哥们儿。他当然知道李亮准备离职，也当然知道李亮刚才在给我说离职的事情。

我们点了三杯咖啡，找了个角落坐下。

"我劝了亮兄很多次，他还是坚持要离职。"潘林先开口。

"什么时候有的这个想法？"我问李亮。

"差不多有小半年了，之前犹豫，现在坚定了。"

"因为业务的持续性问题？"

"嗯！"

"准备去哪里？"

"去一家基金公司，同学推荐的……"

我没有劝李亮留下来，因为我也不知道中小企业融资担保的未来如何。

"晓老师，去基金公司吧，注册制、科创板、北交所……这几年，很多机遇都在资本市场上。"李亮劝我。

"我只会给中小企业做担保！你呢？潘兄？"我望着潘林。

"我？我觉得担保行业还有很多事情可以做，比如'政—担—银'要人去推吧？流通性保证业务也要人去推吧？"潘林如是回答。

后记　致敬前辈

一个月后，春节将至。

"人生就是离别……"这是几年前一位前辈离开公司时说的话。

如今，在一场大醉之后的第二天，我用同样的话开启了对李亮的离别之言："人生就是离别……未来如何，我不知道，但，莫负期待，莫负时光！"

我转过头，看着潘林，未来的路还长……